IMPRESSUM
Herstellung und Verlag: Books on Demand GmbH Norderstedt 2013
Autorin des Originals: Metta Victoria Victor
Titel der Originalausgabe: The Bad Boy at Home, and his Experiences in Trying to Become an Editor (New York: J. S. Ogilvie & Co., 1885)
Übersetzung, Layout, Grafik: © Ní Gudix, 2013.
Umschlaggestaltung und Illustrationen: © Ní Gudix, 2013.
www.gudixtransliterarix.jimdo.com

Alle Rechte vorbehalten.
Nachdruck, andere Übersetzungen, Vortrag, Übertragung, auch auszugsweise, nur mit ausdrücklicher Genehmigung der Übersetzerin.
Für die vorliegende Übersetzung: © Ní Gudix, 2013.

ISBN: 978-3-7322-4287-0

Metta Victor
DER SCHLIMME SCHLINGEL KEHRT ZURÜCK
und macht seine ersten Erfahrungen als Redakteur
(The Bad Boy at Home, and his Experiences in Trying to become an Editor, 1885)

Erstmals aus dem Amerikanischen ins Deutsche übersetzt und mit Vorwarnung und Fussnoten versehen von Ní Gudix

Inhaltsverzeichnis

Georgie, der „typergraffickal devil" 7
Kapitel I: Aufgeblasener Prolog 15
Kapitel II: Die arbeitsparende Maschine 19
Kapitel III: Der Umsatzzeck 22
Kapitel IV: Er ist kein wandelndes Lexikon 26
Kapitel V: Er enthüllt ein Mordkomplott 29
Kapitel VI: Der alte rothaarige Schnarchsack 32
Kapitel VII: Er interviewt Eli Perkins 35
Kapitel VIII: Georgie bekommt eine 15.000-Dollar-Zigarre 39
Kapitel IX: Der Reporter interviewt einen politischen Geist 43
Kapitel X: Der Unfall des J. Gould 47
Kapitel XI: In der Rolle des Theaterkritikers 50
Kapitel XII: Der Zweck heiligt die Mittel 54
Kapitel XIII: Reisen mit Stil 58
Kapitel XIV: Randvoll mit Dankbarkeit 61
Kapitel XV: Angriff der unternationalen Legionen 65
Kapitel XVI: Georgie, der Modereporter 71
Kapitel XVII: Die Suchanzeigen 76
Kapitel XVIII: Die Pariser Grisette 80
Kapitel XIX: Der Misogyn 84
Kapitel XX: Mephisto in der Kirche 88
Kapitel XXI: …da fiel es ein, und sein Fall war groß 91
Kapitel XXII: Der politische Drahtzieher 94
Kapitel XXIII: Ein glorreicher Sieg 98
Kapitel XXIV: Sein freier Tag 101
Kapitel XXV: Er wird verhaftet 105
Kapitel XXVI: Der Schuldeneintreiber 108
Kapitel XXVII: Die letzten werden die ersten sein 111
Kapitel XXVIII: Ein Angebot von Jay Gould 115
Kapitel XXIX: Das kirchliche Austernmahl 118
Kapitel XXX: Abschied und Karriereausblick 121

GEORGIE, DER „TYPERGRAFFICKAL DEVIL"
- EINE VORWARNUNG DER ÜBERSETZERIN

THE BAD BOY AT HOME, erschienen 1885 in den USA, war der dritte und letzte Streich aus der Bad-Boy-Serie der äußerst vielseitigen Erfolgsschriftstellerin Metta Victoria Victor, und vermutlich wäre die Serie noch weitergegangen, wenn die Autorin nicht im selben Jahr verstorben wäre. Nachdem der erste Band, A BAD BOY'S DIARY von 1880, ein Top-Bestseller geworden war (er wurde als *„the funniest book ever written"* rezensiert und fand in diversen Übersetzungen auch in Europa Anklang), war klar, daß die Abenteuer des „bad boy" Georgie Hackett weitergehen mußten.

Das Tagebuch des Georgie Hackett, der eine Mischung ist aus Unschuldsengel und Wildfang, hatte dem Publikum vor allem auch deshalb gefallen, weil es nicht die üblichen konventionellen und moralinsauren Schablonen des Genres „humoristische Lausbubenliteratur" bediente, sondern diese Korsetts sprengte. Denn es war nicht nur der Inhalt, der einschlug wie eine Bombe, es war vor allem die Sprache, denn Georgie führt sein Tagebuch im Slang und mit Rechtschreibfehlern gespickt. Ein Bengel, dem die spießige viktorianische Welt zu klein und zu eng ist und der auch aus der einengenden Orthographie ausbricht, um die Phantasie zu befreien: das ist es, was Metta Victor damit ausdrücken will, und das ist das Erfrischende, Zeitlose, Rebellische und Anarchische an ihrem Lausbuben. A BAD BOY'S DIARY ist das authentische und ehrliche Tagebuch eines 8jährigen Lausejungen an der amerikanischen Ostküste, dessen Frechheiten nicht zensiert und dessen übermütige Schreiberei nicht korrigiert wird, und das ist das Originelle und Revolutionäre an dem Buch. Jedes Kind, damals wie heute, erkennt sich in Georgie wieder, fühlt mit ihm, leidet mit ihm, freut sich mit ihm, und jeder Erwachsene spürt mit Georgie wieder das Kind in sich. Daher was das DIARY auch nicht nur ein weiteres Trendbuch, das auf der damals populären Bad-Boy-Welle mitsurfen wollte, sondern ein großer literarischer Wurf, ein echtes Original. Einen Bengel wie Georgie hatte die Weltliteratur noch nicht gesehen, und der Erfolg gab ihm recht.

THE BAD BOY ABROAD und THE BAD BOY AT HOME hatte Metta Victor dann anders konzipiert, doch Georgie bleibt der alte. Er wird älter, er wird gerissener, gewiefter und selbstbewußter, aber er bleibt sich und seinem Mutterwitz und seiner anarchischen Widerborstigkeit treu. Während A BAD BOY'S DIARY anonym erschienen war, nutzte Victor für THE BAD BOY ABROAD und THE BAD BOY AT HOME eins ihrer zahlreichen Pseudonyme, nämlich Walter T. Gray. Damit wollte sie klarstellen, daß A BAD BOY'S DIARY nicht imitier- und nicht reproduzierbar ist. Georgie Hackett soll nicht auf einer Trendwelle stagnieren und ewig das Kind bleiben; das hat er nicht nötig. In ihm steckt mehr.

THE BAD BOY AT HOME spielt in der Zeit des amerikanischen Präsidentschaftswahlkampfs 1884. Georgie, inzwischen ca. 13 Jahre alt, lebt mit seinen alten Eltern in New York (seine großen Schwestern, die im DIARY noch eine große Rolle gespielt hatten, tauchen nicht mehr auf) und wird von der fiktiven Tageszeitung „Daily Buster" als *„typergraffickal devil"* eingestellt, als Zeitungsjunge also, als Presselehrling.

Das Wort „devil" ist dabei mehrdeutig. Einerseits bezeichnet es den Lehrjungen, den Laufburschen, den Gesellen, den Famulus, aber andererseits ist Georgie natürlich alles andere als Fausts treudoofbraver Wagner. Vielmehr ist er der kleine Mephisto in der Redaktion des „Daily Buster", der Hausgeist und Pressekobold und damit ein „Teufel" im Wortsinn, denn das griechische „diábolos" bedeutet ursprünglich so viel wie „Durcheinanderwerfer", und Georgie wirft außer den Bleisatz-Lettern noch einiges mehr durcheinander, darunter natürlich wie gewohnt die Orthographieregeln und die Etikette. Er hat sich vom „little imp", vom kleinen Frechdachs und Schlingel, zum „little devil" gemausert, zum Früchtchen, Satansbraten und New Yorker Rotzbengel, der zu den Tricks, die er bereits kennt, nun auch noch noch die der Drucker-, Presse- und Politikerbranche dazulernt. Und er weiß ganz gut, daß er nicht nur ein Geselle, sondern auch ein Fehlerteufel ist, und seine Streiche wie auch seine Mißgeschicke führen wie gewohnt nicht nur zu Katastrophen, sondern sehr oft auch zu unverhofftem Ruhm, und Georgie lernt, daß er auch in Sachen „bad boy" noch ein Lehrling ist, denn die wahren „bad boys", das sind die, die die großen Namen tragen, die Politiker, Prediger, Eisenbahntycoons und Pressemoguln.

Das veränderte Konzept des BAD BOY AT HOME verglichen mit A BAD BOY'S DIARY ist, daß THE BAD BOY AT HOME zwar ebenfalls ein Tagebuchroman ist, aber eine tagespolitische Satire bzw. eine Sammlung von kurzen, pointierten Kolumnen, die teils ironisch-bissig, teils provokant, teils satirisch und kabarettistisch sind; es werden Politiker und Pfaffen auf die Schippe genommen, historische Begebenheiten kommentiert und verfremdet und der erwachsene Leser gefordert, und Georgie ist die Nadel im Arsch der obrigkeitshörigen und etiketteverliebten Spießer. Ein Kinderbuch ist THE BAD BOY AT HOME nicht mehr, genau wie auch Georgie kein Kind mehr ist, sondern ein angehender Schwarzkünstler, der mit seiner Freundin ins Theater und ins Restaurant geht, gerne Zigarren schmökt und weiß, wie man sich als New Yorker Gentleman schick macht. Das hindert ihn natürlich nicht daran, mit seinem Kumpel Jimmy Quatsch zu machen, den Redakteuren des „Buster" Streiche zu spielen und tote Kröten und Flaschen mit Stinkasant in der Hosentasche mit sich zu führen.

THE BAD BOY AT HOME ist zwar ein Roman, doch auf den stringenten Romanplot kommt es nicht in erster Linie an. Georgie erzählt seinem „Mr. Diry" seine unterschiedlichen Abenteuer als Laufbursche und „Mädchen für alles" in der Redaktion des „Daily Buster", wobei er dann immer mehr in den Wahlkampf hineingerät. Sein Chef, der „Buster"-Herausgeber Joe Gilley, wird dank Georgie zum Gouverneurs-Kandidaten für die Demokraten aufgestellt, und das beinhaltet natürlich Reisen, Reden, Wahlkampfauftritte und Propaganda, kurz ziemlich viel Arbeit für unseren Advocatus Diaboli, und wie er bereits im 1. Kapitel klarmacht, läßt er ungern etwas anbrennen.

Ich möchte dem geneigten Leser eindringlich davon abraten, Georgies wilde Schreiberei „nur" als Rechtschreibproblemfall zu deuten. Ich kann mir zwar vorstellen, daß diverse Pädagogen den Rotstift zücken und den Kopf schütteln, aber bitte, meine Herren Bildungsbeauftragte: das ist Literatur! Das ist Kunst! Und Kunst korrigiert man nicht, capisco? Georgie treibt es hier auf die Spitze, er dehnt die Wörter absichtlich in alle Richtungen, und manchmal kommen dabei dann neue Wörter raus.

Außerdem spielt er vehement mit dem journalistischen Jargon und gebärdet sich oft als schwadronierender, blumig salbadernder Revolverblatt-Schwätzer, und als solcher muß man aus jedem Fliegenschiß eine reißerische Story machen können, das verlangt schließlich der Job. Insofern sollen Sie, werter Leser, dieses Buch nicht danach beurteilen, wie zügig es sich runterlesen läßt und wie zusammenhängend der Romanplot dargelegt ist. Georgie, der Zeitungs-Lehrjunge, zeigt Ihnen hier sein Können, er spielt Reporter, Redakteur, Herausgeber, Drucker und Setzer, er redigiert Leserbriefe, schreibt Theaterkritiken und Modereportagen, führt Interviews und tobt sich in allen Ressorts aus. Sie werden durch den Feuilleton-Wolf gedreht, geneigter Leser, und wenn Sie da heil wieder rauskommen wollen, dann sollten Sie das Buch gar nicht erst lesen.

Man kann sich natürlich fragen, was solche Zeitungs-Abenteuer aus dem Jahr 1884 mit der heutigen digitalisierten Welt noch zu tun haben. Das kann ich Ihnen sagen: viel. Denn im Grunde hat sich ja nichts geändert außer der Werkzeuge. Die Art und Weise, wie eine Zeitung hergestellt wird, ist heute anders, aber was in den Zeitungen drinsteht, ist nach wie vor derselbe inhaltsleere Käse. Der Unterschied zwischen Gutenberg und Guttenberg ist mitunter klein, und die Methoden des Freiherrn kannte auch der „Daily Buster" schon, wie man im 2. Kapitel feststellt, wenn uns Georgie die „arbeitsparende Methode" der Zeitungsmacher schildert. Und auch Facebook-Flashmobs waren schon bekannt, wie im 3. Kapitel zu lesen ist – ohne Facebook zwar und nur mit alten Zeitungen, aber ein Flashmob kam dennoch bei raus, und kein kleiner.

Als Politsatire und *„funniest book of the age"* des Jahres 1884 wimmelt es in THE BAD BOY AT HOME natürlich von Namen, die heute keiner mehr kennt: John Kelley, Jay Gould, Grover Cleveland, Benjamin Butler, Stalwart Conkling, Samuel Tilden, Ulysses S. Grant usw. Nun ja, kann man da argumentieren, dann ist es ja witzlos, das Buch zu lesen, wenn man die Personen nicht mehr kennt. Ich sehe das anders. Ich fand es höchst interessant, auf diese humoristische Weise in die US-Politik der 1870er und 1880er Jahre hineinriechen zu können. Und ich stellte fest, daß sich in Bezug zur Jetztzeit lediglich die Namen geändert haben, aber die Machenschaften immer noch dieselben sind: Korruption, Schmiergeld-, Sex-, Alkohol- und andere Affären, Macht-Tricksereien,

Klüngel, Schätzleswirtschaft, entlarvende Telegramme (heute wären es entlarvende SMS oder E-Mails). Man kann also die Namen problemlos je nach Kontext durch solche von aktuellen politischen Eintagsfliegen und scheinheiligen Skandalnudeln ersetzen. David Petraeus fällt mir da etwa ein mit seinem Sex-Skandal; Sarah Palin mit ihrer Klüngelwirtschaft und ihrer Frauenbonus-Doofheit; K. T. zu Guttenberg, Silvana Koch-Mehrin, Annette Schavan, die biederen Promotionsschwindler und falschen Doktoren in der deutschen Politik; die Versicherungsfuzzis der Hamburg-Mannheimer mit ihrer Sex-und-Suff-Sause; Margot Käßmann mit ihrer Promilleladung; Peer Steinbrück, der SPD-Kann-die-Daten-Kandidat mit seinen Milliönchen hintenrum; Lothar Matthäus mit seinen Schnallen (jawoll, auch der gehört da rein, in die Kiste der Karriere-Schwanzwedler vom Dienst, genau wie auch Boris Becker da reingehört); Silvio Berlusconi, Dominique Strauss-Kahn, Michel Friedman – die Liste ließe sich endlos fortsetzen. Alles sind sie Fälle aus den letzten Jahren, und alle hätten sie genausogut in Georgies Zeit passieren können. Ach, und natürlich Christian Wulff, unsere Super-Eintagsfliege, der mit seiner Gattin Bettina aus dem Escort-Service („Rent a President's Wife!") besonders gut in die korrupte viktorianische Zeit paßt. Oder auch Jörg Kachelmann, den Super-Überflieger von Wettermoderator, der dann aufgrund seiner Weibergeschichten an den Vergewaltigungspranger gestellt wurde, der aber in hundert Jahren trotz seiner Justizschlachten vergessen sein wird. Oder man denke auch an den britischen Medien-Abhör-Skandal des Jahres 2011, als Rebekah Brooks und Rupert Murdoch mit ihrem „News of the World"-Blättle baden gingen. Alles ähnliche Mechanismen wie im New York des Jahres 1884, als der junge Zeitungslehrling Georgie Hackett in den Politik- und Mediensümpfen unterwegs ist und sich die wirklichen „bad boys" aus der Nähe beguckt.

    Wie gewohnt habe ich Fußnoten angebracht an Stellen, die dem heutigen Leser nicht mehr so vertraut sind. Die Absicht dieser Fußnoten ist es, wenigstens einen kleinen Teil des Subtextes aufzuzeigen und auf die Sprachspiele, Wortfinten, politischen, historischen, sozial- und kulturgeschichtlichen Anspielungen hinzuweisen.

Viel Spaß nun mit Georgie, dem Zeitungsdämon!   Ní Gudix, 2013

THE

BAD BOY AT HOME,

AND

HIS EXPERIENCES IN TRYING TO BECOME AN EDITOR.

THE FUNNIEST BOOK OF THE AGE.

BY

WALTER T. GRAY,

AUTHOR OF "THE BAD BOY ABROAD," ETC., ETC.

NEW YORK:
J. S. OGILVIE & COMPANY,
31 Rose Street.

"... AND BESIDES THAT, EVERY-BODIE WOT KNOES ME, SINSE I PACKED AWAY MY PETTY COTES, WILL TELL YOU, I'M A LITTEL GEORGIE WASHINTON."

GEORGIE HACKETT

Kapitel I
Aufgeblasener Prolog

Herr Tagebuch:
ich hab ja schon mit dem gedanke gespielt dassich wider mit Tagebuch Schreiben anfang, seit ich wieder da bin aus Euer Opa aber ich bin einfach nich dazu gekomm, weil mein kumpel Jimmy un ich ham paar Tage die sau raus gelassen. Damit mus ich jetz schlus machen, weil ich hab n Job inner erbahren Brosche, un wenn ich dann Karrenjehre gemacht hab und auffer aller obersten Sprosse von der leiter steh, dann wird sich New York noch umkucken.

Papa wollt dass ich noch inne schule geh, aber ich hab nich kappiert wozu, weil einer wo immer blos inner schuhle hockt hat ja ausser Baseball spielen und preis Boxen nix gelernt wenner rauskommt. Die ganze fuzis wo tagebuch schreiben, fangen immer mit nem haufen aufgeblasene Wörter an wo wahnsinnich großartig klingen aber nich die bohne was bedeuten, also mach ich das auch mal so wies mode is, un wolla:

Du bis blosn „alltäglicher Käs" Blättleswald, Herr Tagebuch, also brauchste dir wegen deinem weißen Häs nich so viel einbilden, aber wenn wir dir nochn marrocko Leder 1band un goldene klunker rum machen, dann könnt man mein du gehöherst dem Schnallerich vom Astor House.

Wie jeder weis hat man dich aus klammotten gemacht, und diese klamoten sinn vileich mal in nem Laberrint aus spitzen un weises leinen rum gehänkt und ham sich dreist an die liebliche figur von Lillyan, der schnallerine¹, angeschmirgt.

Wenn das nich du wars, dann warste vielleich von oben biß unten voll mit kettenstich und geschnitzelte zwibel ringe, eng um paar Bohnen Stangen rum gewickelt – na, nich grad bohnen Stangen sondern die scharfe schattenhaffte untere Glied Massen von Sarah Jane Bernhard, der schauspillerin wo in den Da-Maler² verschossen war.

Oder vielleich warste auch an nem zuckümpftigen Pressedent dran wo der noch klein wahr, aber da hastes nich lang aus gehalten weil das bebi un die Sichherheiz Nadeln ham dir die Nerven ausgeleihert.

So oder so biste schon wat Hystorisches, weil die kleine schwarze flecke auf deinem rechten Bussen sehn aus als ob se aus Frau Dr. Walker ihre pattentierte, hinterseitenacktiefe, moderefformierte Herren Hosen raus sin wose inne Pappierfabrik

---

[1] unser Georgie ist mitunter ein frivoler kleiner Dandy geworden, der auch schon in dem ein oder anderen Schmierentheater und der einen oder anderen Kaschemme leichtbekleideten Damen hinterhergelinst hat. In THE BAD BOY ABROAD mischt er sich gern zwischen Verliebte und spielt ihnen kleine Streiche. „Dude" und „dudine" bzw. „dudette", „Schnallerich" und „Schnalle", bzw. „Schnallerine" oder „Schnallerette", sind dabei seine humoristischen Bezeichnungen für den aufgebrezelten Dandy und die nicht minder aufgebrezelte zugehörige Tussi. „Horsecar Wild" hätte seine Freude gehabt mit Georgie, wetten? „Dude" ist ursprünglich auch eine ironische Bezeichnung der Landleute für die schnieken, aufgedonnerten, eleganten, aber fürs eigentliche Leben völlig ungeeigneten Großstadtgecks – in dieser Bedeutung wird das Wort hier auch oft auftauchen.

[2] Sarah Bernhardt, die französische Schauspielerin, heiratete 1882 einen griechischen Attaché namens Damala. Georgie hat sich schon in THE BAD BOY ABROAD als Bernhardt-Fan geoutet.

gebracht hat damit man da Pappier draus macht zum da bücher draus machen zur aufklärung von die frauen in unserm Lande[3].

Na, wie finze dat, Herr Tagebuch? Meine fantasie hat mich ganz schön gestochen, un fast wehrse mit mir durch gegang, ich mus jetz regel recht „brrr" sagen damitse wieder bischen runter kommt. Ich fang dann jetz an und schreib meine taten in deine Saiten rein, damit, falz ich zu begin von meiner Chlorreichen Karreere meine zähne in die grünende Flora rein schlage, die ganze welt bescheit weiß wat forn Juwehl der Gesellschafft ab Handen gekommen is. Von mir krisse zwar keine heiße Sierupp Bonbons, aber Trotz dem sollten deine speicher platten nie die eine tat Sache ausn oogen verlieren: ich, Georgie, der schlimme schlingel wo in Euer Opa wahr, lass nix an brenn.

Mein Papa sacht ich bin n schennie. Waschheinlich hatter recht, blos hätt er sagen sollen ein angähnder, weil mein Jieper aufne berufs Karrjehre hat dazu gefiert, daß ich ne Stehle in dem öfftliche-Meinungs-bildenden Schuppen nahmens *Daily Buster,* Joe Gilley, Herrausgeber und Eigentümmler, angenommen hab. Abbo Preis 5$ projahr. Da kann man locker Gewittungen unterschreiben.

PS. Dank einem besonderen ab kommen mit ex Senator Satan sin wir inner lage, unsern säumigen Ab Bonenten eine ex Kursion nach Bad Heißschwevel zu verbillichte Preise mit unserm Hades Ex Press an zu bitten, mit unserm schlachtros von Herrausgeber als Scharfner. Die Zeitung hier arbeitet nach

---

[3] Dr. Mary Edwards Walker (1832-1919) war eine engagierte Ärztin und Frauenrechtlerin, die zu den ersten Frauen gehörte, die bei öffentlichen Anlässen Hosen trugen. Über diese Modereform referierte sie in einem Herrenanzug.

gans brand aktuwelle Prinzhippien, immer pickant, immer prisant. Was Pollytick bedrift, lautet unser Moto: „Erbahr, auf richtig, un abhängig von welcher Partei, Kann-die-Daten mit Vermegen aktzepptiert."

Das wahr jetz maln ausblick auf das schornalistische Abend teuer auf was ich mich in der Funkzeon vom Zeitungs Leerling eingelassen hab. Bis dann, Herr Tagebuch, un pass auf daßte nich unter die Reder komms.

Kapitel II
Die arbeitsparende Maschine

Grad bin ich fertig mit essen, also erzähl ich dir jetz mal wie mein erster tach im Dailey *Buster* so war. Ich wahr um 7 in der Redacktzeon, und der Redackzeons Leiter hat gesacht ich soll mal n interfjuh machen, mit dem alten Pappier un dem dreck wo aufm boden rum liecht. Mithilfe vonnem Besen wo so oll war dasser fast ne Klatze hatte, hab ich den Boden von seine über schissige Schicht Litteratur befreiht un auch von die Kau Taback Klumpen, wo die drucker immer raus spucken, wennse ihren Mund brauchen wennse irntwelche Fuzzis, wo müll geschrieben ham nach Höllifax, oder aufn Mond schießen müssen.

Ich frag mich ja ob jeder wo vonne drucker verfluchtet wird, inne hölle kommt, weil wenn ja, un wenn jede Truckerei so is wie die hier, dann fühln sich unsre jungs im Himmel bestimmt einsamm wennse da an gekommen sind. N ganz spetzejellen Rochus hamse alle anscheint aufn gewissen Herr O'Skrippt, weil ich hab mit gekriegt wiese heut minnstens hundert mahl Scheiß Mann O'Skrippt gesacht ham. Ich glaub der arme hat da gar nix zum bestellen.

Ich hab ja noch nie gesehn wie son Redaktöher in seinem aller Heiligsten so arbeitet, un ich hab mich immer gewundert wie der die ganze lange Artickel schreibt wo ja alle sagen die beweißen was der Redacktöhr forn Schennie is, aber bis heut morgen habbich noch keine anung gehabt von deren ihre arbeit Spahrende Maschiene, wo aus zwei stick Stahl besteht, wo an einem ende ganz scharf sin, un am andern ende sin zwei Ringe wo sich der redaktöher über die finger drieber streift. Wenn er da rein geschlüpft is dann zieht er sich die Schuhe un socken aus un watet innen haufen alte Zeitungen rein, un schnipselt ma hier un mal da n stückchen raus un klebt das aufn weises blatt drauf. Die Maschiene funkzeoniert fantastisch, un Herr Gilley hat gesacht das isn wirksammes gegen Gift bei schreiblockaden wo jeder grose schrift Stehler mal hat.

    Kurz vorm Essen war der Hr. ausgeber ganz schön aus getrocknet weil er annem artickel gearbeitet hat mitter über Schrift „Ein schädliches Gifft, oder: Bau Schales Massacker", wos drum ging wenn man bier mit Arsehn planscht, also hatter gesacht ich soll ma runter inne Pinte umme Ecke un ihm ne Pulle Bier holen auf raten von dreissich tage. Ich wahr grad wieder zurück im Allerheilixten und hab den korken raus gemacht, da kommt son Metterdisten Faffe rein und will werbung machen for ne Riesen Kunz Gebung fürre Probitzjeohn wo näxte Woche stadt finden soll. Ganz mies trauisch hatter die Pulle anjekuckt, bis der Hr. Ausgeber zu mir gesacht hat ich soll die flasche mit Benzin mal zum scheff bringen daß der die lettern damit reinigt, un er soll aufpassen dasser damit nich anne Flamme kommt weil benzin is wansinnig xplosief.

    Ich glaub sie is xplodiert, weil wo der faffe weg war wollt ich se wider hohlen, aber ich hab nich maln Hauch von gefunden, so dass ich in ne andre pinte bin un ne neue gehohlt hab, weil mit dem Herrausgeber seiner Fresse konnt ich aus derselben Kneipe, am selben Tach nich mehr wie eine holen[4].

Hörma, Herr Tagebuch, haste schomma das Arrohma gekostet wo der Leimtopf inner zeitungs Redaktzeon ausstrahlt wo an O '49 gegründet wurde? Weil wenn nich dann kannste dir nich vorstellen wie fantastisch das duftet wenn sich die konzentrierte Xtrackte von nem halben duzzen Kleister Fabrickate zusammen stinken, so ungefehr. Heut nacht mittag hat der Herr Ausgeber ganz lieb zu mir gesacht ich soll ma den inhallt aus unserm leimtopf auffe letzte Ruhe Städte bringen, auf n Komm Posthaufen im hinter Hof. Ich hab Tränen vergossen über die kalte, klamme über Reste von Hunderte von Kackerlacken wo ihr junges, nutzbahres leben so traurig und plötzlig verlohren haben als sie sich furchtlos der herraus Vorderung stehlten die gehheimnis vollen und un ergründlichen Tiefen des Leimtopfs vom *Buster* zu ervorschen.

Ich glaub ich hab vergessen dassich mir vorm Essen die Foten wasch, weil Papa is unten im Keller un baut ne Illtisfalle, un Mama hat geschimpft morgen früh bestehlt se n Schreiner zum die Diehlen vom S-Zimmer hoch machen und die Ratte finden wo da drunter gekrappelt un verreckt is.

---

[4] Die Zeit der Prohibition, als in den USA jeglicher Handel mit und Konsum von Alkohol strafbar war, war zwar erst rund 35 Jahre später, von 1919 bis 1932; aber zu Georgies Zeiten tummelten sich schon zahlreiche Abstinenzler-Sekten, -vereine und -orden („temperance societies"), mehr oder weniger religiös, vor allem in New York. Wer Alkohol konsumierte, handelte damals zwar nicht strafbar, wurde aber geschaßt, gedisst und stigmatisiert. Die Bezeichnung „cold tea" für „Schnaps" bürgerte sich damals ein – wer in den Kneipen sagte, er hätte gern ein Gläschen kalten Tees, bekam den Schnaps in der Teekanne serviert. God save the Fake.

**Kapitel III
Der Umsatzzeck**

In unsrer Redakktzeon gips ein wo man den Umsatz Zeck nennt, der stet jeden morgen uffer Matte wenn die Post gekomm is, und guckt sich die ganze zeitungen an, weil er is zu knickrich zum sich seine eigene Lecktiere kaufen. So wie der Herr Rausgeber den ankuckt, hab ich schon gemerkt dasser ihn am liebsten Eintritt in Arsch geben würde so dasser 3 treppen runter segelt, aber er hat mal n groschen von ihm geborkt, vor zehn jahren oder so, un jetz befürchtet er dasser sich des wegen bald zum Inwentahr vonner redaktzion dazu zählt. Ich helf meine Arbeit Geber ja immer gern aus schwierige Sittewatzeonen raus, und wo ich heut morgen ne zeitung gefunden hab wo heute vor paar jahre erschien is, da hab ich die auf den tisch gelecht wo der zeck als erstes hin guckt, und dann war ich gans beschäfftigt mitn Abstauben vom Bücher Bord. Wo er reingekomm is, hat er nach der Zeitung gegriffen und die schlag Zeilen über flogen. Ich hab gesehn wie er sich wansinnig aufgerecht hat, dann hat er sichn hut aufgesetzt und sich sein Zigarren stumpen geschnappt un is raus gepresscht wie von wilden affen gebissen. Kurz drauf sin schon so 5000 leute vor der redagzion auffer Straße rum gestanden, und der Herr ausgeber hat schon Schiß gekriecht dass die ihn aus der statt raus jagen wegen dem grosen Sotzjahl Skandahl wo gestern was drüber in der zeitung stant, also hatter mich anne tür runter geschickt zum fragen was da los is. Wo ich da unten angekomm bin, waren die leute schon fast gaga wegen dem feuer in Schickargo[5]. Ich hab zu ihn gesacht sie sollen kurz warten, wir bringen da in paar minuten n Extra Blatt raus, un dann hab ich dem herausgeber die Zeitung gezeicht wo der Zeck gelesen hat, wo n langer bericht vom feuer in Schickargo drin kam. Wo das xtra Blatt raus gekomm is, ham wir davon 10000 stücker vakooft, mit nem artickel drin wos hies:

„Nach den jüngsten berichten aus der statt kann mann davon aus gehen dass sich die lage in Schickargo wieder beruigt hat, dank dem bürger Meister wo in weißer voraus Sicht ein extra Aufgebot von Bullizei eingesetzt hat zum die sitzungen vom Hummeristischen Konvent bewachen, un der gemeinde Rad hat besondere vor Kehrungen getroffen damit der verkauf von Lickhöher an die Dellengierten verhindert wird!" Da kannste dir vorstellen wat das forn auf Ruher war wo die meute raus gekriecht hat dass es in Schickargo ganich gebrannt hat. Der um Satz Zeck is ersma ab nach New Jersey, weil dann so lang Grass über die Geschichte waxen kann, bis der kongress den aus lieferungs Vertrag für die reckierung unter zeichnet.

Heut nachmittach hab ichn schock gekriecht, und das herz is mir ausn Buxen inne Stiebel runter geplumpst wiene bleikugel. Ach jeh, wie tief is doch die Klufft zwischen autohr und zeitungs Kollumme, und wie kurz der weg zum mülleimer, besonders zu so einem von ner Druckerei wie vom Daily *Buster* wo der Müll Eimer n ganzen Kwadrat Meter Boden bedeckt. Ich sollte grad den müll Eimer aufräumen, damit wir das alt Pappier, dem müll Mann mit geben könn wo 1mahl die woche mit seiner karre mitte sex Reckierungsmaul Tiere vor-

---

[5] Der große Brand von Chikago wütete im Oktober 1871.

bei kommt, un ich konnt nich anders, ich hab getrödelt weil ich mich fest gelesen hab, und ich hab gesäuftst, wo ich an die ganze Hoffnungen gedacht hab wo hier bekraben liegen. Da habbich wat Ferse gefunden, auf hell blaues pappier drauf geschrieben, mit Rosen paar Fön eingespritzt und aktressiert an „mein lieber George". Ich hab über lecht ob die Frau wo die Ferse gemacht hat mich gemeint hat, weil wenn ja, dann hatses getroffen, weil ich hab das in mein Hosen Sack rein gesteckt wos mir direckt am herzen liecht.

Da wahr noch ne rolle Schreiberei, wo faßt n Killo gewogen hat, wo mitn ex Press gekomen is unnich mal bezahlt war, waschheinlich is der herr Ausgeber anne decke gegang wo er noch 50 cents dafür lokker gemacht hat und dann hatter fest gestehlt dasses gar kein geburz Tagsgeschenk wahr. N briv war dabei wo drinstant:

„Sehr gerter Herr Rausgeber Buster,
der text an bei mit dem Tittel „Schwanzwedler Schmittchen, oder Der schäckernde Scharfner von der Ferde Tram linie 36" iss zwar $500 werd, aber zu Ähren von dem hohen Nie-wo von ihrem hochwerdigen Blatt gestadte ich ihnen ihn kratis zu puppelizieren, wenn sie mir dafür ein Bellehrg xenplar zukommen lassen.
Herzlich ihr
Sammy Lane, Autohr."

Herr ausgeber sin doch echt schrumpf köpfige spießer! Verkennen son Schennie und schicken ihm nich maln Honnerahr für sone Ferse:

*„Ein Polliticker, Kelley mit Namen,
hatte Bauch schmerzen, grad zum erbahrmen.
Er trank Jacob's keule[6],
jetz hatter ne beule,
doch kein Bauch W mehr, halleluj'amen!"*

---

[6] St. Jacob's Oil war tatsächlich eine Allzweckkeule für alle möglichen Zipperlein, siehe THE BAD BOY ABROAD.

Kapitel IV
Er ist kein wandelndes Lexikon

Heut habbich ne masse ärger am Hals, und ich hoff dass der onkel schicksahl mich da wider raus mannerfriert. Als leerling kann mann ja schlislig ooch nich alles wissen. Jetz hat die ganze Reddackzion n rochus auf mich, weil ich kein wandelndes Leckseckon bin for deren ihr Truckerei Kinnesisch.

Zu ers mal is der Scheff vonne Setzerei sauer auf mich, weil wo der zu mir gesacht hat ich soll ihm ma ne lange kelle bringen, da bin ich raus auffe strasse un hab rum gesucht bissich zunem Haus gekomm bin wo grad verputzt wird, und ich hab ihm ne klasse Kelle mitgebracht. Wo ich ihm die gegeben hab, da hättste mein könn n Wullkahn bricht aus, so hat der mich an geschnauzt. Er hat gesacht er hätt nich übellust zum mir damitn hintern versolen dafür dassich nich mal so viel Gribs im Kopp hab um zu wissen dasses hier nirgenz Gibs gippt. Wo her hätt ichn wissen sollen dass der das ding meint wo die setzer für ihre zeilen brauchen[7].

Jetz is der kassen Ward angepisst, weil der hat mich los geschickt zum n schif aus holz kaufen. Ich hab gedacht hier kann ich nix falsch machen weil mit schiffe kenn ich mich aus, also habbichn gefragt wie gros es sein soll. Er hat gesacht mittel, also bin ich zur Werft von Johnny Roache raus und hab denen gesacht die vonner zeitung ham ein Holz schiff bestellt, n

---

[7] Das Ding heißt Winkelhaken, in der Setzersprache Kelle.

ordentlicher schoner kanns schon sein. Da hättste dem kassen Ward seine Wissarsche sehn sollen, wo der Treck von sex ferde gezogen vor der tür gestanden is. Die kutscher wollten das zeuch aus laden, aber der kassenward hat ihn das Geld gegeben damitses wieder zurück tranzpertieren, un hat Herr Roachen briv geschrieben dass der Leerling anscheint unter vor Rüber gehnder geistiger um Nachtung gelitten hat wo er die bestellung auf gegeben hat. Aber ich glaub der is selber geistig um nachtet, weil er gluggt nachts ja immer bis inne puppen mit der rootharigen stroh Wittwe rum wo die Penzjohn gegen über von unserm haus hat. Wenner kein Dachschaden hat, dann hätter mir ja sagen könn, dassern Setz Schiff gemeint hat, zum die lettern rein tun wenn der Winkel Hacken voll is. Son fuzzi wie den sollt man besser gleich inne fanne hauen, weil so pampig wie der is taugt er ja blos noch als Brei. Er braucht blos nochn schwanz, dann issern Rheinrassiger Affe, weil sonz hatter schon alle nötige Adribute da für.

 Mittachs, aufm Heimweg, hab ich anner ecke vonner Nassau Street nem Tüpp zu geguckt wo die Leute übers or gehauen hat, also hab ich nich so viel zeit gehabt zum was essen. Ich hab zimmlich Kohl Dampf geschoben wo mich dann um 4 der Herraus Geber gefracht hat ob ich nich mal den Zwiebbel Fisch wegmachen kann wo da auf der setz Platte liecht. Ich wollt nich dasser merkt wie aus gehungert ich bin, also habich gesacht weiß nicht. „Na", sacht er, „dann probiers mal. Der scheff zeigt dir wo." Ich konnt meine freude nich mehr zurück halten und hab drei oder vier mahl danke gesacht. Kannze dir denken daß ich sauer wahr wo ich gesehn hab daß da keine zwibbeln sin un auch kein Fisch, weder Filleh noch Hering, sondern blosn haufen durch nander geschmissene Lettern. Ich finds echt gemein daß die nem jungen leerling wie mir weiß machen er kriecht n fest mal, und dann kriecht er blosn haufen Blei wo doch kein mensch fressen würde[8].

Du müstest mal unsre setz Platte sehn; die is bestimp wansinnig werdvoll. Es isne große flache stein Platte, voll mit ulkige ein tettewierte Häheroglühfen drauf. Ich könnt schwören dass das n alter Grab Stein ausm anticken Troja is. Komisch warum der herr Rausgeber den nich ans Smithsoyun Intstitut[9] verkauft, stadt blos Schapplohnen drauf rum zu schieben, weil der is wirklig beeindruckernd[10].

---

[8] Zwiebelfische sind einzelne, vom Schrifttyp her falsche Buchstaben innerhalb eines Wortes. Beim Hand- und Bleisatz entstanden sie dadurch, daß die Lettern in die falschen Setzkästen zurücksortiert wurden. Ein Zwiebelfisch ist es etwa, wenn in einem normal gedruckten Wort ein einzelner Buchstabe kursiv steht oder fett. Im Englischen heißt das Setzkasten-Durcheinander „pie", und wer Georgie kennt, kann seine Enttäuschung ermessen, denn nichts ißt er lieber als „pie" – im Sinne von „Pastete" ☺

[9] Das Smithsonian Institute ist der größte Museumskomplex der Welt.

[10] Ich möchte hier noch auf ein schönes Wortspiel hinweisen: die Setzplatte heißt auf englisch „imposing stone", „to impose" heißt hier in der Setzer- und Druckersprache das sogenannte „Ausschießen" und Arrangieren von Kolumnen. Aber daneben heißt „imposing stone" natürlich auch „imponierender Stein". Wenn man das ganze bei Google eingibt, kommt man tatsächlich zuerst auf Museumsseiten und Links von großartigen antiken Steinbauwerken. Schon beeindruckernd…

Kapitel V
Er enthüllt ein Mordkomplott

Heutmorgen hat uns inner redakktion n Presse Turrist mit nem besuch bert, wo sich als John McNamee vorgestellt hat. Er sachte er is grad vonnem aus gedehnten aufthalt im Westen zurückekomm, wo er wegen seiner Gesunteit war. Er isn un heimlich angesehnes mit Glied vonner pollitischen Partei wo Anti-monopollisten[11] heißt. Ich find leute gut wo auch wirklig prackzieren wasse predigen. Weil der Herr McNamee hat noch kein einzigen sent bei gesteuert zum unser riesiges Eisen Bahn Monnepol unter stützen, obwohler mitn zug schon durchs ganze Land gereißt is. Auserdem acksepptiert er nix geringeres wie n schlafwagen erste klasse. Wo ichn gefracht hab warum er keine goldene Ur Kette anhat und kein Seiden Ziellinder auf wie die andern pollyticker, da hatter gesacht seine partei will die große Kleidungs Monopohle aus trocknen da durch dass jeder seine Plünnen so lang anläßt bisse ausnander fallen. Ich hab gemerkt wie er vor stolz richtig rote Flecken im

---

[11] Die Anti-Monopolists waren eine recht kurzlebige amerikanische Partei, die 1884 gegründet wurde und bei der auch unser alter Freund Benjamin F. „Beast" Butler, der Gouverneur von Massachusetts wieder auftaucht, jener pittoreske Politiker mit Halbglatze, Doppelkinn, Walroßschnauzer, Schielaugen und Tränensäcken, den Georgie schon im DIARY und ABROAD verulkt. Hier geht's nun zwar um einen anderen Anti-Monopolisten, aber unser lieber Ben Butler wird dennoch bald auftauchen.

Jesich gekriecht hat wo er von die früchte gesprochen hat wo die mit ihrer Arbeit ernten weil schon so viele grose Plünnen Fabricken bleite sind.

Er hat sich dann herrab gelassen zum nochn paar Zugaben geben fürre Kohlumne, un wo er fertig war hatter sich mit paar von unsre Drucker unten versammelt und mit denen mit schampanjer angestoßen. Ich glaub er is den leichten wein nich so gewöhnt, weil den ganzen Nacht Mittag hatter unter der papier Schneide Maschiene gepennt un geträumt dasser zum Presserdent nommerniert wird mit dem super anti Monopolisten Bonnus. Kurz vorm Essen hat der heraus Geber zu mir gesagt ich soll dem Fuzzi vom Umbruch sagen dass er Lawrence Rickard elliminiert. Na, das is der laden wo Papa immer seine ganze Lebens mittel einkauft, un dem seine Frau un Mama sin wansinnig dicke freunde un sin sogar im gleichen Nee Kränzchen drin. Herr Rickard is immer nett gewesen zu mir, und ich konnt das wirklig nich mit an sehn daß den n Paar blut rünzige schwachmaten umbringen ohne dasser vorher noch zum beeten kommt, also binnich in sein laden rein und hab ihm gesacht er soll endweder abhauen oder sich verstecken, weil der Herr Ausgeber hatn wansinnigen rochus auf ihn und hatn andern Futzi dazu an gestiftet zum ihn um bringen. Er hat gesacht das deixelt er schon. Un kurz nachm essen is dann ne ladung Bullezei vor der redaktzion aufgelaufen und hat Herr Gilley und den futzi vom Umbruch verhaftet wegen Mord Komplot, und die ham sich Recht fertigen müssen und fürre gesamte Kosten auf kommen.

Ich hab heut nachmittach geschwänzt und bin zum angeln gegang, weil ich hab an das gedacht was Papa mal ins Tellerfon rein gesagt hat nach dem er Mama tschüs gesagt hat:

„Die Liebe wäxt mitter Endfernung."

Ich hab gedacht vielleich wäxt die liebe von den zwei böse Wichter zu mir wenn ich in sicherer endfernung bleib. Ich hab schis dass meine schornalistische Karrejehre jetz schon aus is, aber ich find die hätten nich mir die schuld geben sollen weil der herrausgeber hat gesacht er hat zu mir gesagt dass ich dem Futzi vom umbruch sagen soll daß der die Annose aus den Reggional Seiten raus nimmt wo so lautet: „Täglich frisches Ops und Gemmüse, bei L. I. Rickard", und nicht, daß ich ihm aus richten soll dass er Herr Rickard umbringt. Naja, wennich schon nich Schorrenalist und Reich werde, dann weiß ich was ich mach, ich geh morgen früh inne Redakzion, un wenn da immer noch dicke luft herscht, dann kindige ich und lass die Hoffnung fahren. Dann lei ich mir Dennis Ryan sein altes blindes Maul tier aus wo zu schwach is zum ausschlagen, un geh mit Fische haussieren. Der *Buster* wird zum knaster ohne zaster, noch bevor der frischling fertig is mitte ausbildung, meinze nich auch, Panje Tagebuch?

Kapitel VI
Der alte rothaarige Schnarchsack

Heute warn rumreicher tag für mich, weil anscheint hab ich was gemacht was der Brosche zur Ähre gereicht.

Wo ich inne Redaktion rein bin hab ich noch gedacht, dass die meine kindigung schon annehmen, weil meine Dinste sinn ja locker ersetz bar. Ich hab die tür ofen gelassen wo ich rein bin, damit ichn Fluchweg hab falz da ne Miene xplodiert. Wo ich ins Druck Zimmer gekomm bin hab ich ne gedämfte stimme gehöhert wo gesacht hat: „Georgie, Junge, bis du das?" Ich hab gesacht: „Ja, sir." Dann habbich den Herr Ausgeber endeckt, der lag flach unter der grosen druck Walze drunter, bleicher wien betlacken, un gezittert hatter wie wenner dem geist von seinem Grosvater begechnet wär. Ich habn gefragt wasn los, un er hat gesagt:

„Georgie, im Büro isn Heini wo ich gesacht hab der isn alter rothariger schnarch Sack wo man aus der statt jagen mus. Sag dem dass ich nach Coney Island bin zum mir mit Sullivan[12] n Duwell liefern, oder sag ihm dass ich nich da bin weil ich wie jeden morgen mit meiner Pißtole tränier. Sag ihm irgend was, haupsach du wirsn los."

Ich hab gesacht: „Na klärchen, dem zeig ichs." Un ich bin ins Allerheilixte rein, wie wenn der ganze laden mir gehöhrt, und hab seine hohheit gesehn, wie er hinnen her spat-

---

[12] ein damals berühmter, irischstämmiger Preisboxer.

ziert und vor sich hin flucht als ob er sein text vom A W Maria probt.

Kaum sieter mich sacht er:

„Junger Mann, wo steck der rot harige, schrumpf köpfige, hol wangige, schiel eugige, schief nasige huren Sohn? Fürn sie mich zu ihm, dann verarbeit ich den zu klein Holz, aber so klein daß man für seine über reste nich ma mehr 5 cent kriecht außer man verkauftse als super fosferrierter knochen Staub."

„Was mein sie?" sach ich.

„Fürn se mich zu dem un schein baren kleinen Windhund wo gesacht hat ich binn alter rothaariger schnarch Sakk", sacht der.

„Oh! Sie wollen den her Ausgeber sprechen. Ich ruf ihn", sach ich.

Dann bin ich an das Sprech ror hin wo inne Setzerei hoch geht, un hab da ganz laut reingejodelt:

„Sacht mal unserm schlachtros von Herausgeber, daß unten im bürro ein Herr wartet wo ihn hinterfjuhen will. Sacht ihm dasser ma besser seine doppel läufige, Hinterlader Donner Büxe mitner dünner Mit Patrone ladet, weil der Herr befurzugt n Streitgespräch."

Dann habbich mich wieder rum gedreht und dem Fuzzi aus gerichtet dass der Herr Ausgeber inner minnute runter kommt.

Er is promt abgekühlt un hat gesacht:

„Danke, mein Junge; so eilt das nich; es is gut dassich wenigstens dich an getroffen hab. Ich bin blos gekommen weil ich eure hoch wertige Zeitung bezahlen will. Richt dem Herr Ausgeber aus daß meine ganze Fammilje nich mehr ohne leben kann; sogar das Bebi liecht die ganze nacht wach un brüllt danach."

Und dann hatter mir n 10$ Schein gegeben und hat nich ma aufs wexel Geld gewartet, weiler davon gehetzt is zum sein zug noch kriegen. Herr Gilley hat das ganze Gespräch mit angehöhert, und wo die luft wieder Rhein war, isser aus seinem versteck raus gekommen und hat mir auffe schulter geklopft un gesacht:

„Georgie, du bis ne bombe; du bis ne Ähre fürre ganze Brosche. Du wirs ma nochn *Pulsitzer*, du has die nötige Hutzpe wo man als repporter von der *Sun* braucht[13]."

Ich frag mich ja, ob mann als *Sun* Repporter ein buckel braucht, weil ich lauf normahler Weiße nicht mit Hutze rum, außer im sommer wenn ich für Papa mitter ollen spann Säge rumfiedeln mus zum das holz forn winter klein machen. Ich glaub ich bin sowas wien Held, weil der Sport Redacktör, wo er gehört hat was ich gemacht hab, hat mich zur Foto Gallerie geschleppt und dan bild von mir machen lassen damitter mich aus geben kann als der neue englische preis boxer wo er träniert damitter Sullivan vermöbelt.

---

[13] Die „New York Sun" hat mit der heutigen britischen Revolvergazette „The Sun" nichts zu tun. Vielmehr war das damals eine gute Tageszeitung, bei der auch Joseph Pulitzer arbeitete – jener Journalist, der später dem „Pulitzer-Preis" seinen Namen gab, mit dem herausragende Journalisten ausgezeichnet werden.

Kapitel VII
Er interviewt Eli Perkins

Wo ich heut morgen durch die hotels bin zum die gästeliste durch gucken, da hab ich auf der vom Grand Pacific was gesehn was aus gesehn hat wie wenn sichn paar Spinnen inne wolle gekriecht ham un ins tinten Fast gefallen un dann über mehre Zeilen drüber gekrappelt sin. Ich hab den futzi anner Retzeppzion gefragt was das heißen soll. Er konnt mir das auch nich sagen bisser die nummer von dem wunder Tier gefunden hat. Er hat seine bücher über prüvt und dann fesgestellt dass Nr. 36 zu Eli Perkins unner gigantischen rechnung gehöhrt.

Mann hat mir gesacht dass man die Raffernesse von nem Zeitungsmensch daran erkent daß er angesehne Läute hinterfuht, also habbich gedacht raff ich mir das und hinterfuh ein angesehnen Lügner. Und ich hab den Hotelfuzzi gebeeten dass er mich zu Herr Perkins seinem Zimmer bringt.

Ich glaub ich bin jetz schon eine oder zwei sprossen auf der Leiter hoch gestiegen, weil der Herr Rausgeber hat gesacht wat ich da über das Hinterfuh geschrieben hab is gut, und morgen tut er das inne Zeitung. Ich schreibs mal hier in deine seiten rein, Herr Tagebuch, damit ich mirs immer wieder an kucken kann wenn ich ausgepumt bin vom Kampf um Rum un Gelt:

„Nachdem sie sich begrüst hatten sagte der Reporter vom Buster:

,*Herr Perkins, sie sin einer vonne größte lügner in Amerika, nicht war?'*

,Wer hat behauptet dassich einer davon bin junger mann?' sacht er auf brausend und kommt zu mir rüber, wie wenner seine massiefe Leder Treter formell mit dem Flicken bekand machen will wo ich drauf sitz. ,Wer hat das behauptet? Sag mir sofort sein Nahme, damit ich den infahmen Lügner in seine schranken weißen kann. Ich, einer der grösten Lügner in Amerika. Gemein is das, und verwerflich dazu. Ich hab schlieslich nicht mein leben lang geschuftet und mir ein Ruf er arbeitet, blos damit man mich jetz als einer vonne größte Lügner in Amerika tittelliert. Nein mein junge, da irrste dich. Ich bin der größte prommerwierte Lügner des Uniwersumms.[14]*'*

So langsam hatte unser reddaktör das gefühl, daß er sein berruf verfällt hat. Aber er hat sein ganzen mut zusammengenommen und gesagt:

,Herr Perkins, ich bin ein junger Arschpirant wo im Schornalismus Rum und ehre erwerben will. Könn Sie mir da Paar Tips geben wo ich brauchen kann?'

---

[14] Eli Perkins (1839-1910) hieß eigentlich Melville D. Landon. Er war ein äußerst bekannter Humorist, sowohl schriftstellerisch als auch auf der Bühne – seine humoristischen Vorlesungen waren vermutlich die Vorläufer der Stand-up-Comedy. Er arbeitete viel mit Wortspielen, Wortverdrehereien, falscher Orthographie, Dialekten – ein bekanntes Gedicht von ihm heißt „Leedle Yawcob Strauss" und ist komplett mit „deutschem Akzent" geschrieben („I haf von funny leedle poy / vot gomes schust to my knee", also „I have a funny little boy what comes just to my knee"). Ein Brüller. Auch der Witz mit dem Lügner, den Georgie hier aufgreift, ist von ihm – er ist schließlich diplomierter Lügner, Lügner M.A.!

"Jawohl mein sohn, das kann ich, und ob ich das kann. Also merke dir stehts: die drei wichtigste prinzhippien im modernen Schornalismus sind Verdrehung, über Treibung und verherlichung. Ein beispiel: wenn Tallmage[15] *in seiner Predickt sacht, er glaubt dass es eine hölle gibt, dann mußt du darüber wie folgt berrichten: ‚Pastor Tallmage, gerade von einer kurzen reise zurückekehrt, verzauberte sein Publikum gestern früh eine Stunde lang mit der grosartigen und lebhaften schilderung des milden Klimahs an einem gesunden Sommer Kuhr Ort.' Das wäre ein gutes Beispil für verdrehung.*

Über Treibung wäre so: Wenn der kanndiedat von der Opositzjon jemand zu nem glas Bier einladet, dann schreibs du: ‚Das Fas wurde an gezapft, un un summen wurden ausgegeben zum die Wäler beinflussen', und vergiss nich die über Schrift: Betrug, Koruppzjon und Fälschung.

Wenn einer von deine Abbonenten ein sex pfund schweres Baby kriegt, dann musse den Vater abschätzen, und wenner fünfundzwanzig zigarren springen läßt, machste ein Zwölf Pfunder draus, wenner fünfzig springen läst, wirdsn achtzen Pfunder, und wenner dir ne ganze Kiste schickt mit Brief dazu, dann kannste das Baby zu Zwillinge verdoppeln. Das wär ein Beispiel für Verherrlichung. Daran erkennt man die schornerlistische Raffernesse. Na, ich habs sogar schon ma erlebt wo sichn kränklicher 8 pfund Bubi in gesunde Trillinge verwandelt hat, Mutter und kinder sin wohl auf, blos weil sein Papa genug Gribs gehabt hat zum zusätzlich mitte Zigarren den Wisky schicken. Das sin die wesentliche Prinzippien wo man

---

[15] Reverend Thomas De Witt Talmage war ein geistlicher Prediger. Wikipedia bezeichnet ihn als „einen der prominentesten religiösen Führer der USA in der zweiten Hälfte des 19.Jahrhunderts".

sich merken mus, und wennste die immer treu befolgst, dann wird ma n berrümter und guter Schonalist aus dir. Wenn dir je mal die schlach Zeilen aus gehn, dann häng dich an die lügner vom Mercury *dran und verfolg ihre spuren, bis du ihren stein Bruch mit verwerdbare informatzjonen gefunden has.'*

‚Wie lang bleiben sie inner stadt, Herr Perkins?'

‚Nur paar tage. Ich muß mein zaun repperieren, un ich will mich bewerben für die Nommenierung fürre Presserdenschaffts Wal. Ich will un bedingt gegen Ben Butler an treten.'

‚Gibs sons noch was intresantes was ihn einfällt, Herr Perkins?' fragte unser Re-Daktör.

‚Ja, aber das mußte für dich behalten, weil mir gehn die Pullman Aktziehen aus. Siehste das hier?' sagte er und hielt ein baumwoll lappen hoch wo so zwanzig kwadrat Zentimeter gross war. ‚Na, also letzte nacht bin ich von Albany runter mitt n Schlafwagen gekommen, und heut morgen hab ich da doch glatt eins von deren ihre Betlacken für mein taschen Tuch gehalten, und das ding da is das Lacken, aber sags nich weiter, sons machen die Aktziehen ein Riesensatz nach oben.[16]*'*

‚Auf wiedersehn, Herr Perkins, und wenn mir mal die lügen aus gehn dann meld ich mich.'"

---

[16] Die Pullman Palace Car Company, eine Eisenbahnwagengesellschaft, war vor allem bekannt für ihre Designer-Luxus-Schlafwägen.

Kapitel VIII
Georgie bekommt eine 15.000-Dollar-Zigarre

Heut wird's was zu blechen geben, hat der Herr Raus geber heut abend zum Kassenward gesacht wo ich an sein schreibtisch maschiert bin zum meine 2$ kies plus meinen Anteil lob ernten.

Und es hat wirklich n ganzen tach was zum blechen gegeben inner statt, weil im großen Konzert Haus wahr ne versammlung vonne geckos vonne Dämmerkraten, und die Kann-die-Daten ham alle Kneipen besetzt und haufen Weiße Kratis Wisky ausgeschenkt, wie in O-Hai-O.

Mister Tagebuch, haste schomma n dämmergratischen Vollblut Dellegierten vom lande gesehn? Den mußte dir so vorstellen: große, hagere, dürre Figgur, lange haare, versiffter deckel wo aussieht wie wenner mit nem Hollunderbeer Törtchen kohlidiert wär, und dann nochn Anzug dazu wo er gekauft hat wo der Bezirx Sheriff vom Garten Eden dem Adam seine Kolleckzion von Feigenblatt Klamotten zwangs versteigert hat. Genau so sieht die sorte fuzzis aus denens ständig inne finger juckt, weilse sich die Schicksäler und Postämter[17] von Ammerika krallen wollen; un wennste mich frachs dann beguckste dir die lieber nich näher, es sei denn du has genug Kohle inner tasche zumse aufpäppeln.

---

[17] siehe Star-Route-Skandal, der Postskandal in den USA in den 1870er / 1880er Jahren. Im BAD BOY ABROAD wird dies auch thematisiert.

Die statt Räte ham ne verordnung erlassen dass man die türen von den kneipen geschlossen halten mus, weil sie ham wohl angs dass wenn die offen bleiben, irntwas passiert was das Immitsch von der Partei beim dummen Volk schädigt, weil das muss die tüppen ja schlieslich wälen. Aber dann ham die Dellergierten einfach die Gebeude umzingert, solangs nich anders ging, und sobald se drin waren, hamse dann den Fusel umzingert.

Nachm essen hat man die Versammlung zur ortnung gerufen, un der tischler Meister hatn haufen alte Bretter zusamm genagelt, un das ham die dann Bühne genannt. Die Honneratzioren sind dann auch ganz enttussiastisch gewor, weil ein program Punkt wahr die Nomminierung zum Guwernör, un grad da is mein Kumpel Jimmy reingekomm, wo beim hiesigen Telkrafen Amt schafft, un hat dem Fortsitzenden n wisch gegeben den der Laut vor geleßen hat. Da stand druff:

„Nomminiere Joe Gilley zum Guwwernör und zapfe ein fass bier davür an. Sammy Tilton."

Die erwähnung vonnem Fass Bier war zuviel für die an wesende Horde Dreckspatzen, und es is in der halle gans still geworden, weil die alle vor ihrem inneren auge Wiesionen hatten von Wisky Bäder, Kratis Büffehs und saubere Pappier Kragen. Dann ging das Jubel Geschrei los, und man hat Joe Gilley nomminiert mit riesen Ablaus. Den rest von der Verarnstaltung hat man auf Gehheiß von John Kelley[18] anschreiben lassen, un

---

[18] John Kelley (1853-1941) war ein Politiker aus South Dakota, der im Repräsentantenhaus saß. Zunächst gehörte er der Populist Party an, später kandidierte er für die Demokraten. (Die Populist Party war nicht unbe-

die Dellegierten ham sich dann in die reddakzion vom *Buster* zurückezogen, wose der abstinenzler von Herr Rausgeber mit nem Boxbeutel voll Apfelschnabs verwöhnt hat, wo er vom Komitee stadt nem Hornorar gekriegt hat, wo er in Hobokin das letzte Mahl n Vortrag gehalten hat über die Prohibitzjohn.

Wo die meute wieder weg war hat mich Herr Gilley gefracht ob ich den Mensch kenn wo den Wisch reingebracht hat. Ich habm gesacht das is mein Kumpel, un dass ich aus Jux den Wisch geschrieben hab[19].

---

dingt eine „populistische", also reaktionäre Partei, sondern eine Bauernpartei, die die Interessen der kleinen Farmer vertrat. Sie ging aber ziemlich schnell wieder ein.) John Kelley war darüber hinaus auch noch ein angesehener Zeitungsfritze; von ihm wird daher nochmals die Rede sein.
[19] So einen Wisch, einen „dispatch", mit dieser Unterschrift zu schreiben, ist ein ganz spezieller Griff in die politische Skandalkiste der 1870er Jahre. 1876 gab es nämlich den „Cipher Dispatch"-Skandal des Samuel Tilden, der damals der demokratische Kandidat für die Präsidentschaftswahl war. Er verlor, obwohl er am meisten Stimmen hatte, und dann tauchten noch Telegramme („dispatches") auf, in denen er angeblich anbot, den Staaten ordentlich Schmiergeld zahlen zu wollen, die ihn wählten. Tilden bestritt, etwas mit diesen Telegrammen zu tun zu haben, und anscheinend hatte er auch wirklich nichts damit zu tun gehabt; doch der Skandal sollte seine politische Karriere zerstören – er wurde später immer wieder mit den „cipher dispatches" in Verbindung gebracht, obwohl er eigentlich gegen die Korruption an sich, d.h. gegen die korrupte Präsidentschaft des Ulysses S. Grant, in dessen Amtszeit etwa der Jay-Gould- und der Whisky-Skandal fielen, zu Felde hatte ziehen wollen. Auch die beiden Präsidenten nach Grant, Garfield und Arthur, werden der Korruption offenbar nicht Herr. Georgie zieht hier also einen uralten politischen Witz aus der Kiste, wenn er im Jahre 1884 einen (gefälschten) Korruptions-Wisch mit Tildens Namen zeichnet. (Allerdings gewinnt bei den Wahlen 1884 dann tatsächlich mal wieder ein Demokrat: Grover Cleveland. Insofern ist Georgie mit seinem gefaketen „dispatch" hier ein Prophet.) Samuel Til-

Da hatter mir die Hand geschüttelt un gesacht ich bin ja heller wien Kugelblitz, un ich werd bestimmt eines Tages mal Pressedent, weil ich schlag ja alle Pollyticker wo er kennt mit links, was Drahtziehen bedriftet. Dann hatter sich bei mir bedankt un mir zwei Zigarren gegeben, eine für Jimmy un eine für mich, als Hornorar. Wir heben uns die auf bis morgen abend nachm essen, weil sone schoße kriecht man ja nich grade oft dass man ne 15.000 $ Zigarre schmöken kann, un das müssen die gekostet haben weil im Abend Blatt stand heute drin dass Gilley für die Nomminierung 30.000 $ geblecht hat.

Eintlich isser ja alles andere wien Dämmerkrat, aber er hat gesagt er hellt deren ihre Idiologie schon noch solang aus bisser nach Albany geht.

---

den scheint mir eine Art Käßmann oder Kachelmann zu sein: egal wie oft er seine Unschuld beteuerte, sein „Dispatch"-Skandal blieb an ihm kleben…

**Kapitel IX
Der Reporter interviewt einen politischen Geist**

Gestern war Sonntach, also habbich hier nix reingeschrieben, weil die Leiche hat sich nich bewecht.
 Wo wir am samstach abend aus der redackzion raus sind, hab ich gehört wie der Lokahl Redaktör dem Schwätzer vom pollitischen Ressohr gesacht hat er soll mal zu sehen dass er n pollytischen Geist auf stöbert weil der *Buster* kannes sich nich leisten dass son eindimmensionales, Zwei-Stück-zum-preis-von-einem-blättle wie die *Times* die ganze Himmels Zone für sich allein hat, aber echt nich. Ungefair um 10e abens hab ich den Repporter an unserm haus vorbeiwalzen sehn, unter wegs zum Trinity Friedhof, also bin ich hoch un hab mir eins von Mamas nacht Hemder geschnappt plus eine von ihre Nacht Mützen wo se immer aufzieht wennse Morfeus küßt. Dann habbich ne Abkürzung genommen runter zur kirche. Grad wo ich da angekommen bin un meinem Outfit noch den letzten schliff verpasst hab, hab ich den Reporter zum Vorder 1gang reinlatschen sehn. Ich hab ihn mal schön ran kommen lassen, dann hab ich laut und zimmlich schauerlich gehustet. Da hättste dich gekringelt wennste gesehn hätts wie der vor schrek sein Nottiz Buch hat fallen lassen und aus gesehn hat wie wenner plötzlich spaßtische Zuckungen gekriegt hätt. Grad wo er sich wider erhohlt un Anstalltten gemacht hat, sich vom acker zu trollen, hab ich mit der Stimme von dem futzi

wo im Oshun grove camp meeting[20] immer die langen Litterneien predickt, gesacht:

„Junger sterblicher Zeitungs Mann, was habt ihr hier verlohren, wie kommt Ihr dazu, den frieden un die ruhe unserer letzten ruhe Städte mit eurem irdischen Notitz Buch zu schänden?"

„Im Nahmen von John Kelley, dem All mächtigen boss der New Yorker Dämmerkraten, wer bist du? Sprich!" sachte der Reporter.

„Sintemahl ihr mich im Nahmen eines gottes zum sprechen auf vordert, so werde ich sprechen. Seht ihr dieses prächtige gefieder", sach ich und klatsch mir mitter hand da druff wo ich mich drauf setz, „nun den irdischen blikken entzogen. Ich bin Stalwart Conklin, der von den Stalwarts von der replikanischen Partei, verdammt auf eine Zeit Lang (bis '84), auf der pollitischen Bühne herum zu stolzieren, bekleitet von meinem treuen Paschen Mctoo."

„Ros, alte socke, schlag ein!" sacht der repporter, streckt seine Hand aus und schüttelt meine ganz herzlich eimal durch,

---

[20] Camp Meetings sind bekannte, oft satirisch verulkte, typisch amerikanische religiöse Erweckungs-Shows. Metta Victor hat u.a. in A GOOD BOY'S DIARY den Schwindel der Camp Meetings thematisiert, genauso Mark Twain in HUCKLEBERRY FINN. Die Ocean Grove Camp Meeting Association, von der Georgie hier spricht, ist eine Camp-Meeting-Anstalt in Ocean Grove, New Jersey. (Georgies Schreibweise "Oshun" läßt dabei auch an den Gründer der Bhagwan-Sekte in Poona denken, der sich spatter Osho nannte. Dieser spirituelle Klimbim ist ähnlich dem der Camp Meetings.)

kaum dasser gemerkt hat, dasser nich mit nem Gespenz spricht[21]. „Na, wer wird der näxte pressedent?"

„Hört mich an, dann werde ich euch eine Geschichte endhüllen. Seht ihr jenen hahn dort all mit Gold umkränzt?" sach ich un zeich auf den wetter Hahn oben aufm Haus vom *Tribune* druff. „Legt eure Hand darauf, dann werdet Ihr den Mann schauen den ich mit meinem ein Fluss ins Weise Haus bringe. Wenn ihr noch ein paar silberlinge übrig habt, so setzt sie auf Winnyfield Skot Hancock[22] und setzt Roscoe Conkling als außen Minnister. Doch verrathet mich nicht, denn ich spiele ein doppeltes spiel. Vergönnt mir einen schlugg aus eurer Flasche, dann ziehe ich mich zurück um mit Gennerahl Grant[23] mein nächtliges Pocker Spiel fort zu führen. Er er wartet mich bereits hinter jener wolke von Havanah Rauch dort."

---

[21] In der Tat, denn der, den Georgie hier parodiert, sollte erst vier Jahre später das Zeitliche segnen: Roscoe Conkling (1829-1888) war ein republikanischer Politiker, der sowohl im Repräsentantenhaus als auch im Senat saß und die republikanische Splitterfraktion „The Stalwarts" anführte (eine Art Tea Party des ausgehenden 19. Jahrhunderts). Die Stalwarts – wörtlich „die Standhaften" – sahen sich als „traditionelle" Republikaner und führten Kämpfe gegen die „Half-Breeds", gegen die gemäßigteren und moderneren Republikaner. Diverse Präsidenten der Korruptionszeit der 1870er / 1880er Jahre zählten sich zu den standhaften Zinnsoldaten.
[22] Winfield Scott Hancock (1824-1886) war der demokratische Kandidat bei der Präsidentschaftswahl 1880. Es gewann aber der Republikaner Garfield.
[23] noch ein Geist, der – noch – nicht tot war: Ulysses S. Grant, der wackere Republikaner und Ex-Präsident, starb erst 1885.

„Warte doch, Ros, lass mich ma riechen!" sachte der Repporter, als ich die pulle in meine revolwertasche rein gesteckt hab und hinter nem Krab Stein verschwunden bin.

Heut morgen is das Hinterfjuh im *Buster* erschienen, un die ganze zombie schar von Zeitungsfuzzis vonne andere Käs Blätter is in rotten aus geschwärmt zum sämmtliche Kirchen überwachen inder Hofnung dasse vileicht noch den Geist von James G. Blame[24] errwischen zum Hinterfuhen, und die Dämmergratie is vor lauter Be-Geisterung völlich ausm Heuschen, wie damals wo Fouracres in Oh-Hai-Oh in Wisky abgesoffen is.

---

[24] James G. Blaine (1830-1893) war der republikanische Kandidat der jetzigen – 1884er – Präsidentschaftswahl. Vorher war er Außenminister gewesen. Er unterlag dann aber dem Demokraten Grover Cleveland.

Kapitel X
Der Unfall des J. Gould

    Ich kappier nich wiso Leute wo doch sonst auch alle Tassen im Schrank haben, nich bischen auf passen können wennse ihre Bebis nahmen geben, damit n junger fleisiger Schonerlist wie ich nicht ständig des wegen ärger kriecht.
    Heut hat der Lockahl Redaktör zu mir gesacht dass ich mich ma umkucken soll nach Hunde wo Männer beißen oder Männer wo Hunde beissen oder irgendn Un Fall zum da drüber schreiben, damittich nich aus der Übung komm. Und dann heut n8, ungefär um 3 rum, sin wir aufgewacht von nem un heimlich lauten Klopfen anner haus Tür. Papa hat gedacht das isn 1brecher, grad als ob Ein Brecher anne tür zu klopfen pflegen, bevorse reinkommen un sachen klauen. Also is Mama raus ans fenster un hat geguckt, und da hat sich raus gestehlt s war Frau Gould, das is von meinem Kumpel, Jimmie, die mutter. Sie hat furchbar geschluchst und wollte dass Mama mit zu ihr kommt, weil Jimmie hatte Alp Träume vom zu vielen hack fleisch pastete Essen un is ausm bett gefallen, un sie hatte anks dasser sichs Genick gebrochen hat dabei weil er seither noch kein Wort gesacht hat. Ich hab schnell geschaltet un hab gedacht, das is die Gellegenheit zum Ruhm erndten, und hab mich angezogen un bin inne Redackzion gerannt. Alle Redacktöre un Repporter wahren schon im Bett, weil die zeitung stand kurz vorm drukk, also hab ich dem Scheff von der setzerei die Geschichte erzählt von dem Unfall wo J. Gould passiert is. Er

war gans ausm heußchen un hat gesacht dafür krieg ich ne Bevörderung, weil das is ja ne wahnsinnige story, un wir sinn die einzige Zeitung wo das rausbringt, un dann hatter die Morgen aus Gabe fertig gemacht mit ner auf Lage von 50.000 zusätzlichen Stück.

Wo ich nachm früstück inne statt runter bin hab ich n riesen Aufrur gesehn, hunderte Läute standen da an jeder ecke rum un ham den *Buster* gelesen und ham dißkuttiert obs ne Massen Panick gibt oder nich, un die zeitungsjungs konnten unser Blättle gar nich schnell genug los wern, sie ham gelt gemacht wie heu und ham immer gejodelt: „Exklussief! Alles über den Unfall!" un ham den läuten die Schlachzeilen gezeigt und die gingen so: „Schlimme Katerstrophe! J. Gould, der eisen Bahn König, fällt aus dem Bett und erleidet tötliche Verletzungen!"[25]

Die Herrausgeber vonne andere Blätter wahren gelb vor Neit und ham ihre ganze lockal Redacktöre gefeuert weil die nich schnell genug an der story dran wahren.

Unten anner Börse gabs ne Regel Rechte massen Panik. Die Bären, wo ja immer auf fallende Kurse speckerlieren, ham sich gefreut wie Schnee Könige, und die meisten ham noch vor

---

[25] Jay Gould (1836-1892) war einer der rücksichtslosesten Geldhaie in der Zugbranche. Solange er die Macht bei Erie Railroad hatte, plünderte er das Bahnunternehmen, trickste, fälschte, manipulierte, nur um Schore zu scheffeln. Da er um ein paar Ecken herum mit dem Präsidenten verwandt war und noch dazu mit einem anderen fetten Tycoon unter einer Decke steckte, wurde er vor der Justiz gedeckt. Bis er sich dann mal verzockte und seine Spekulationen ein Ende fanden. Den Buchstaben „J", von Georgie als Abkürzung für „Jimmie" gedacht, spricht man im Englischen „jay" aus; daher die Verwechslung. (Jay Gould kommt in diesem Buch noch einmal vor, und Georgie wird ihm einen Korb geben.)

m Abend essen n Fermeger gemacht weil die ganze Ackziehen sind in Keller gerauscht wie nix. Die bullen, wo auf steigende Kurse getippt ham, waren bald völlich am Boden un ham ihre Gleubige mit 5 cents pro Dollar aus bezahlt, un genau da, was glaubste wer da in die Börse rein stolziert is? J. Gould höx persönlich. Die meute is fasst ausn Latschen gekippt so verdutzt warse, sie hat geglaubt das kann ja nur sein Geist sein wo um geht aber dann hatter gesacht dass er es gar nich war wo ausm Bett gefallen is. Er hat gesacht er wollt in die Statt runter un er weiß dasser spät dran is aber das tut ihm Leit weil er wurde aufgehalten weil er ein fass mit Western Union Wasser abdichten mußte weil das n Sprung hatte.

So lang sam is wieder Ruhe ein gekehrt, aber der *Buster* hattn schönen haufen Kratis Werbung gekriecht, kannze dir vorstellen, un Herr Gilley war gar nich sauer wo ich ihm erklärt hab wie das alles pasiert is, weil die Bären vonner Wall Street sponsern jetz seine Kuhvernörs Kann-die-da-Tour weil dank dem *Buster* sinn die ja alle stink reich geworden.

Jimmie geht's übrigens wieder gut, er hatte blosn Schok, aber er hats noch rech zeitig ins Telgrafen Büro geschafft. Ich bin jetz richtich stolz auf mein Kumpel. Ich hab ja vorher keine anung gehabt wie viel er tat sächlich wert is. Da siehste ma, Herr Tagebuch, was man aus sich machen kann wenn man sich mit so nem jungen schonerlistischen Hoffnungs Träger abgippt wie Deinem Dich liebenden Georgie.

Kapitel XI
In der Rolle des Theaterkritikers

Gestern abend habbich nix in dich reingeschrieben, Mister Tagebuch, weil ich un Maria – das is meine freundin – waren zum 1sten Mahl zusammen im Tehater.

Grad wo ich aus der reddacktion raus wollte, hat mich der Herr Raus Geber noch gerufen un gefracht ob ichs mir zutrau dass ich die Prehmijähre von „Die bestrumpfte Henriette, oder Blüte Zeit für schicke wäsche" besprech, weil der Teehater Kriticker is nich da, weil der hat sich in das aktuwelle Bühnen Starlett aus Cleveland verknallt un is deshalb nich arbeitsfähig.

Ich hab gesacht: „Na klar alter Holzmichl, mach ich."

Also habbich zwei Kratis Karten gekriecht plus orntlich Kleingeld zum prallinen und nüsse kaufen. Dann bin ich heim und hab mir den anzug an gezogen wo ich sonz blos inner sonntags Schule anhab, dann bin ich rüber un hab zu gegugt wie meine freundin sich ihren Hareif reingemacht un sich so ne rote schmotze ins Gesicht geschmiert hat, wo sie gesagt hat das is gegen ihre neu Rallgie.

Kannze dir vorstellen wie stolz der leerling war, wo er sein Mädchen durch den gang zu die plätze direckt vor der büne geleitet hat, wo ja resserviert sin für uns Vertreter vonne Grostat Presse.

Ich hab mein Notiz Buch un mein Stift rausgeholt, dann ham ich un Maria die Prallienen verputzt und uns bischen mitnander unterhalten und harten der dinge die da Kommen sollten.

Ich überspring jetz mal den Prollog und geb hier den Artickel so wieder, wie er heut morgen im *Buster* drinkam.

„*Gestern abend ging der Vorhang im Niblo Tehater auf. Der Sahl war voll, ein großes, dankbares und kahlköpfiges Pupplikum drängte sich auf den stülen.*

Das stück wo hier in Ammerika zum ersten mal auf geführt wurde, hies ‚Die bestrumpfte Henriette, oder Blütezeit für schicke Wäsche'. Die harndlung war orgenell, romantisch und auserorntlich intresant. Die Hauppersohnen sin Hennriette, eine äßteetische junge dame, tochter vonnem Rechts'n Wald aus Filladelphi, und Augustus Angerlinus Fizzlesprung, ein Schnallerich mit nem Glasauge, wo ein vergoldeten Gestock mit sich rumschlept, un Stadt auf Tabback kaut er immer auf dem rum weil er schwache nerven hat. Henriette is wansinnich verliebt in den Gustl und würd sogar die Locke von Horsecar Wilds Haare, wo sie am busen trägt, dafür geben dass der Gustl sich erweichen läßt und sie erhöhert. Aber der Gustel läßt sich nich erweichen, nich mal wenn der ganze Broadway auf ihn drauffällt, weil er is scharf auf den ganzen haufen schnallen wo die tanz 1lagen macht. Der erste ackt war unsagbar nichtssagend, genau genommen so nichts sagend das man nichts darüber sagen kann. Das bünenbild war unheimlich fornehm, ne Kommbinatzjohn aus Sonnenblumen und Austern aus Baltimore wo ja angeblich besonders S teetisch sein sollen. Das zweite Bild war dann schon bißchen brofaner, das sollte den Aufthalts Raum in nem teehater dastellen, wo die schau Spieler um nen tisch rumsitzen und Bostoner Baked

Beens mit Schammpanjer Sose zum abend Essen haben. Gustl taucht dann im hinter Grund auf un gibt den Mädels $5 damit se extra für ihn n bischen tanzen. Dann kommen alle auf der büne ganz nach forne. Wir vermuten dass die alle Mitgliedinnen sin vom Frauen Verein für Sparsammkeit, weil bei der Heer Stellung von ihre Koßtüme war man anscheint extrem spahrsam mit stoff, oder ihnen sinn die Kledaschen naß geworn, weil die sin von unten bis übers Knie und von oben bis zun schultern eingelaufen. Der fuzzi wo denen die strümpfe verkooft hat, hättse ruhig mal waschen können, weil die hatten alle Farben, aber sie waren das einnzige wo nich zu kurz geraten is. Die Tanz einlage von dem stück hat den älteren zu Schauern im Pupplikum wohl nich so gefallen, weil sie haben sich die Augen mit ihre Opern Gläser bedeckt und ham ganz rote flecken auf ihre glatzen gekriecht, da wo sie früher mal hare hatten. Die mädels erleiden dann alle möchlichen Sehlen Kwahlen und tanzen da zu Racket un so, un Gustl stelt sie wider richtig hin.

Das erste Bild vom dritten Ackt spielt dann in Henriette ihrem Priwat Buddowahr. Da läuft sie hin un her mit ner grosen Sonnenblume in der hand un sagt zu der du bist jetz Zäuge dass wenn sich ihr geliebter Gustel nich bald ein herz fastet un sie heiratet, daß dann der zarte zwirn wo sie noch an diese schnöde welt bindet, eine unsäglich nichts sagende, plötzliche kert wende macht. Dann murmelt sie irgend was in ihren bart rein, juckt hoch un schreit mit ner gar nich eßteetischen Stimme: „Jawohl, ich machs! Bei dem müsterium jenes Hares, wo in den dunklen abgründen einer 10 cent Portzeon eis liegt, ich machs!"

Dann kommt wider ein anderes bild und zwar eine Probe im teater, wo Gustl sich grade das Balet anguckt. Plötzlig kommt eins von die mädels auf 10 Spitzen raus getanzt un bewecht ihre arme wie beim seil springen. Die Klamotten wo die anhat, sehn ganz gut aus, blos sinse noch mehr eingelaufen wie das was die andern mädels an haben, un die strumpf Hosen an ihre untere Glied maßen sehn aus als ob se Baumwolle aus New Orleans einschmuckeln will. Gustel verknallt sich dann sofort in die, un der macht das anscheind gar nix aus weil sie setzt sich direktemang auf sein Knie drauf, und dann fang die zwei an mitnander rumzusülzen. Plötzlich juckt sie n paar meter inne Luft weil ihr Gustl ne Stecknadel in die Strümpe gesteckt hat. Dann erkennt er dass das Hennriette is, und das balett is wider dran mit dem tanz wo zur glüklichen auflösung gehöhert, und es hüpft im kreis um Gustl und Henriette rum wo sich um armen und ab knutschen, und dann hebt der Reckwissitör die Arme un sacht:

,*Henriette,*
schlüpf mal bitte
in die Kliklamottemette
denne deine Sillowette
ist ganz schön kokette-kette
nur in der dessu-tolette.
Gustl nu sei keine klette
lasse los, die fette nette,
und ich wette
um ne kette,
bald liecht ihr zusamm im Bette
ohne Ete-kitte-kette.
Sie lebe hoch, die Schnallerette!'"

**Kapitel XII
Der Zweck heiligt die Mittel**

Heut morgen hat der Herrausgeber ausm Fenster raus geguckt, und wat glaubste wer da die stufen zur reddakzion hoch getippelt kam? Frollein Sammanta Longtung, das is die Leererin von meiner Sonntags Schuhle, süße 40 is die alt und hat noch nie n vererer gehabt. Er hat gesacht er is mal besser nicht zuhause, also soll ich sie abwimmeln, weil die kommt zum den viertel dolar kassieren wo er zu zahlen vergessen hat, wo er die Portzeohn Gummi Auster Suppe gegessen hat aufm Kirchentag, vornem Jar oder so.

Wo Frollein Langtung reingekomm is, hat se mich er kannt un hat mit krateriert, daß ich in so ne erbahre Brosche ein trete. Dann hatse mich mitten auf n munt geküsst und gesacht schade dassich noch nich erwaxen un ein starker man bin. Dann hatse mich gefracht ob Herr Gilley da is, und wo ich gesacht hab „nö", hatse gesacht, das is aber schade weil sie wollte nur ein par kleine schulden ein kassieren weil das ihre flicht is und die sin jetz so langsam phällig.

Ich hab ihr gesagt dass Herr Gilley wascheinlich traurig is wenner zurückkomt und erfährt dass sie da wahr, weil ich hab gehöhert wie er mal gesacht hat sie is von allen frauen wo er kent, die schönste Frau inner ganzen Statt und unter allen die 1ziege wo er nehmen würde wenn er heirät.

Sie sachte: „Wat du nich sachs, Georgie", un dann hatse mich umhalst und von oben biß unten abgeschleckt un gefracht wann der Herr Gilley denn wider da is?

Ich hab gemerckt die is unheimlich inwestegatief un von Diss Tanz keine Spuhr. Also habbich zu ihr gesacht Herr Gilley kommt erst sehr späth zurück, weil er is grad bei seinem an wald zum den ganzen jurristischen kram erledegen für das Fermegen was ihm sein onkel wo in Austrahlien gestorben is, vermagt hat.

„Der arme gute mensch", sacht sie da, „ich hab doch diesen jungen dingern in den nä Kränzchen immer wider gesacht der Herr Gilley is eines tages ein wohl habernder Man. Wenn Sammanta Longtung jetz zu Samanta Gilley wird, dann sagen se nich mehr alte vertrocknete jungver un das nase rümven wird ihn auch vergehn. Ich hab immer schon gewust daß ich noch als teenager unter die Haube komm, un wenn man bedenkt dass mein geliebter Joe zu erenhaft und zu schüchtern war zum um meine hand an halten bevor er nicht sein Vermegen hatte! Aber ich glaub er hat bevürchtet dass ich mein armes Herz nich nem armen man schencke wo doch da draußen so fiele reiche freier rum laufen." Dann hatse mich noch Mahl umarmt und gesacht ich soll Hr. Gilley sagen, daß er sich wegen dem viertel Dolar kein kopp mehr machen mus, sie bezahlt das aus eigner tasche. Weil sie jetz so endgegen kommend war, hab ich ihr alles biß ins kleinste Dettai von Hr Gilley seiner Erpschafft erzählt: daß die brittische Reckierung seinem onkel endfohlen hat dasser aufs land von Botany Bay zieht, aber die milde Prise von der Küste iss ihm nich bekommen, also hatter das wider auf gegeben & hat sich n boot besorcht zum damit aufne andere Insel fahren, & wo er dann da angekomm is hatter sich von nem Bauer Paar Schafe ausgeliehen, & die schafe ham dann geheirätet, & dann war da n haufen kleine Schave, & die sin wieder gros geworn & ham auch wider geheirätert, un so hab ich weitergeschnackt bis zur 3ten un 4ten Genratzjohn, wo dann der Alte gestorben is. Und jetz mus Herr Gilley die alle fersteigern, un da schätzt er schon dasser so ne halbe mileon dafür kriecht. Dann habich ihr die Endwürfe gezeicht für das Schloss im Grammercy Park wo der Pollitickredacktöher immer für den fall der Felle auf bewart, falz er mal Hr. Tilden zum Pressedent hochschreiben mus, un hab ihr gesacht dass sin die Endwürfe für die Ressidents wo Herr Gilley bauen lassen will zum da mit seiner glücklichen braut einziehen, wennse von den pflitterwochen in Euer Opa wieder da sind. Dann hatse mir versprechen müssen dasse keiner menschen Sehle wat sacht weder über das Geld noch über das schloss, weil Herr Gilley will sein Ruf als bescheindendster mensch von ganz New York City nich verlieren.

Die Jesuwitten sagen immer das „der zwekk heiligt die mittel." Pahr von den alten Rode Ileland Puhrittanern sagen wascheinlich ich bin n Lügner. Aber ich se das nich so, weil ich hab ja zwei Menschen glücklich gemacht. Sammanta Langtung strahlt mitter sonne umme wette und looft rum wie auf wolken. Un Herr Gilley gebährdet sich als wär ihm ne ganze geröllhalde steine vom herzen gefallen, weil allen is klar daß die nachricht von seiner Erbschafft dank Sammantha Longtung wien Laufeuer durch die stadt geht und sobalds alle wissen, kanner seine schuldner noch weiter hinhalten un schex aus schreiben für alles was er will, für n ganzes Jar im Vorraus. Wo ich heim gekomm bin, hatt er zu mir gesagt dassichn geborener Dippelomat bin & ich soll mich mal beim König Alfonz von Spanien bewerben falz der wieder belleidigt wird.

**Kapitel XIII
Reisen mit Stil**

18 Uhr, Troy, N. Y.
Herr Tagebuch,
 wennste dir die Atresse ankucks wo da oben steht, wirste merken dass du und ich heut abend nich daheim sind, un ich schätzma ich schuld dir da ne erklerung. Also, wo ich heute morgen inne redaktzion gekomm bin, hat Herr Gilley gesacht ich soll rasch umkehren un mir zu hause sofort mein sonntags Anzug an ziehn, zum dann mit dem 11 Urzug nach Troy fahren, weil wir wollen da die Kamm Panje starten und ich sollte sein Sackl tragen wo n box Beutel drin wahr. Wo ich wieder zu rückgekomm bin, war Gilley mit sonem ollen sarkträger von den dämmer kratischen Zommbies am Disskuttieren, aus Shodack[26], über den Preiß wo die wälerstimmen pro person kosten sollten.

Wo wir am banhof angekomm sind, hat Wanderbild[27] grad wieder ein von seine auf Tritte gehabt un die Zuhöherer zum henker geschickt, deßhalb hat der zug dann nich mal zehn minuten aufn Guffnörs kanndiedat gewartet. Herr Gilley mußte aber umedingt los, weil er mußte heut abent dringend in Troy sein, und weil da sonz kein zug meer in unsre richtung gegang is, hatter n fetten zuschlach bezahlt zum mit nem Sonderzug mitfahren. Präsdent Arthur un nochn par replikanische

---
[26] Schodack: Stadt im County New York.
[27] Vanderbilt: Familie von Eisenbahn-Tycoons.

Fuzzis sin um 1 auf n angel Ausflug nach Buflo, und der zug is sofort los und alle andern züge mußten auf die nebenkleise aus Weichen zum unsern vorbeilassen.

An jeder halte Stehle war ne masse Läute wo von weiß gottwo herkamen bloß zum uns nobles Pack besichtigen. Wir ham in Jungkurz[28] stadtsion gemacht zum was trinken. Die statt hat schon den passenden nahme, so wie die mütter da ihre junge kurze angeschleppt haben damit wir sie abküssen. Ich hab ja noch nie gros was von Bebis gehalten, aber ich mußt mich jetzt auch ganz schön abspeicheln und besabbern lassen zum wähler stimmen reinholenhelfen für mein Kanndidat. In Fischkill ham wir dann ncoh angehalten zum was essen, un da hat ne Blaskappelle auf uns gewarttet und der Bürgermeißter un noch mehr Bebis. Herr Gilley hatne kleine rede gehalten und der meute für diesen reizenden Endfang gedankt undn paar Bebis geknuttelt. Wo der zug dann wieder abgefahren is, hatter sein rotes Halstuch fallenlassen, un da hättse dich schäkig gelacht wennste gesehn hättes wie die jungen Mädels sich gegen seitich umgerissen ham bloß weil jede das Halstuch zu erst erwischen wollt. Am ende wars voll kommen zerfezzt, und jede Tussi wo n fetzen gefangen hat, hat sich ihr dekolltee auf geknöpft un sich den Wisch in Busen gestopft. Fischkill hat, genau wie Jungkurz, ein sprechenden Name, weil es dünstet ein arrohma aus, was ein sehr an ausgeweidete fische errinnert, wo frisch wahren zu der zeit als Pressedent Buckennenn ins Amt kam[29].

---

[28] Yonkers, N. Y.
[29] James Buchanan war von 1857 bis 1861 Präsident der USA: Insofern stinkt's in Fishkill schon ne ganze Weile, wa…

Herr Gilley war schon mächtich stolz und hat die endfänge genossen, un ers in Albany hatter gemerkt daß die läute denken, er is Pressedent Arthur. Da isser explodiert, un dann hat die Luft im abteil gerochen wie kondenziertes Schwävel gas, so hat er gefluchtet. Er hat gesacht er hat ja schon reichlich ervarung in alle mögliche sorten von un Verschämtheit, aber daß er von die Läute im ganzen land von New York für den Betripps Unfall von der ewolutzeon[30] gehalten wird, das is ja wohl die mit ab stant assozialste un unverschemteste scheiß Haus Parohle überhaupt, un wenn ihm der erst beste Barbier wo er aufgabelt, nich auf der stelle die fetten Schafs Kottletten von backenbart ab säbelt, dann soll ihn der dreimahl gepfefferte schlag von nem Esel seine hinter huve treffen, weil die bringen ja sein armes kahles haupt in ferruf. Wo wir in Troy angekomm sin, hat uns da das zentral Komm-mit-Tee endfangen, un wir sin durch sämmtliche Saloons getingelt, damit wir auch alle seenswürgekeiten zu gesich kriegen un uns fürren Pöbel in zehne setzen können. Die Kappelle spielt grad „sie dein könig kommt zu dir"[31]. Ich glaub die meute hat mich schon erwartet, also muß ich jetz schlus machen für heute.

---

[30] im Original steht hier ein schönes Wort: „His Accidency" (im Anklang an „His Excellence", aber eben als giftiger Seitenhieb gedacht). Dieser Begriff wurde zum Spitznamen von John Tyler, der 1840 zunächst Vizepräsident der USA war und dann, nach dem Tod seines Vorgängers Harrison, 1841 selbst Präsident wurde. Somit war er nicht durch Wahlen, sondern durch einen Unfall (accident) an die Macht gekommen und war seither „His Accidency".

[31] „See, the conquering hero comes" ist ein Libretto von Händel. Die deutsche Version lautet: „Tochter Zion, freue dich! Jauchze laut, Jerusalem! Sieh, dein König kommt zu dir! Ja, er kommt, dein Friedensfürst!"

Kapitel XIV
Randvoll mit Dankbarkeit

Heut abend könnt ich platzen vor stolz, weil wir ham die statt im Sturm errobert. Wer nich vorher schon ein süm party sand vonne Dämmerkraten war, der is jetz einer weil unser Gedönz hat eingeschlagen wiene Bombe. Die tagung wahr sowol füßisch, morahlisch, zahlen mäßig als auch, wie ich annehm, walenmässig ein voller ervolk.

Als erstes hat man uns Pollyticker mit grosem Ablaus empfangen. Ein stuhl nachm andern hat die luft zerrissen, und die schau war höxtens verkleichbar mit die nächtliche gesänge von die Katzenviecher un ihre Kommpannjohnen in den hinter Höfen vonner 42sten Straße.

Es wahr so still daß mann ne schnalle hätte lächeln höhren können, als Herr Gilley gebeeten wurde dass er was zum Zoll sagen soll, un er sachte: „Liebe mit Bürger und andere Dämograten, es tutet mir auserorntlich Leit dassich ihrer bitte nich Stadt geben kann mich zu jenem äuserst wichtigen temah zu äusern: dem zoll. Mir blutet das herz wenn ich bedenke wie fiele von ihnen letzten Donerstach auf diesen replikanischen Dämmergoge John Sherman[32] reingefallen sind. Ich hab den herr ein Tag später in nem hottell in New York getroffen. Je-

---

[32] John Sherman (1823-1900) war damals Vorsitzender der republikanischen Senatsfraktion. Finanz- und Außenminister war er auch mal gewesen, republikanischer Präsidentschaftskandidat wäre er 1880 gern geworden, aber diese Suppe versalzte man ihm.

mand hat ihn gefragt ob er in seiner Rede in Troy irntwas über den Zoll erzählt hat. ‚Jau', sachte er da, ‚ich hab diese minder bemittelte dorf Trottel so vollgestopft mit Zoll Döntjes bisse fast geplatzt sin.' Desshalb verzichte ich darauf, dieses Temah noch mal an zuschneiden, denn mann soll sein Magen ers mal aus Q rieren bevor mal wieder Brechwutz frißt." Herr Gilley hat seine Rede damit beendet dasser noch mal auf den chlorreichen Sieg in Oh-Ai-Oh hin gewießen hat, un hat die versammelte Dämmergraten an gehalten zum „ackern, ackern, leute, denn wir stehn schon kurz vorm durch Bruch. Denkt an O-Hai-O. Eine replikanische Reckierung hatte ein Bebi un nannte das Antrag zum zweiten zusatz articel. Sie ham es gros gezogen und von alle bewundern lassen. Die Dämograten hatten auch n bebi, das hamse Wiskey gettauft, und das is dick und frech geworn un war bei alle beliebt. Antrag zum 2ten zusatzartickel war anscheint n frühchen wos raus gekomm is, und deshalb hat sichs auch zunem kleinen, migrigen, kränklichen kind endwickelt. Was sollte man da als mutter machen? Hätt sich da nich jede Mutter ne amme ins haus gehohlt? Un was macht die reblikanische mutter? Einen scheisdreck macht die, meine herren! Sie hat sich für ihr eignes kind geschämt und hats vor den Türen von die Frauen von Oh-Ei-Oh ausgesetzt, un dann hatten die das anner backe und mußtens mitn fläschchen auf ziehen. Aber das is noch nich alles meine Herren. Die herzlose mutter is Eifer süchtig geworn un wollte den kleinen Wiskey endführen. Un das fette, feiste, dralle deutsche Frollein, wo dem seine amme wahr, hat das nich ma mit gekriecht. Zu viel fläschchen, wa. Zu viel W. C. T. U. Beruigungs Sierupp³³ un zu viele frauen, das hat dann den armen kleinen furz, Antrag zum zweiten zu satzatikel, da hingerafft, und seine sterpliche über Reste hat man letzten Dienstach bei gesetzt. Aber der kleine Wiskey is zu nem wohl genäherten & trägen Bengel heran gereift, un vater & mutter sin wohl auf."³⁴

Das wahr zu viel für die meute, da isse dann vor Ent-Tussi-Asmuss ganz wild geworn. Mann hat uns inne Kutsche rein gedrückt und durch ganz Troy gekutscht.

Die liebe wo ich für die grose, hystorische, erbare Partei der bedeutenden dreckspatzen hege, vervürt mich faßt dazu dassich das große finale vonne häutige ereichnisse über spring. Aber als Kronist vons acktuwelle geschehen isses ja meine Flicht dassich erwäne dass der außerwällte Kreis von Polliti-

---

³³ Die W. C. T. U. ist die Women's Christian Temperance Union, der Abstinenzlerverein christlicher Frauen. Er kämpfte gegen Fusel und für Frauenrechte.

³⁴ Was es mit dieser Geschichte auf sich hat, konnte ich nicht herausfinden. Sicher ist, daß es um den 2. Zusatzartikel der amerikanischen Verfassung geht, das „Second Amendment", in dem der Waffenbesitz geregelt wird, das aber immer wieder Gegenstand von Debatten und Diskussionen ist, sowie um die (wie sollte es anders sein, in diesem Buch) drohende Prohibition, die ebenfalls bis heute für Zündstoff sorgt. Wie genau sich aber hier beim Wahlkampf 1884 die beiden amerikanischen Parteien zofften und was das mit Ohio zu tun hat, hat wohl der Mantel der Geschichte zugedeckt. Vermutlich ging es auch darum, daß der Waffenbesitz eingeschränkt werden sollte und daß dieser Antrag dann krepierte. Sei's drum. Der Teer kommt einem dennoch bekannt vor – weil der arme kleine schwindsüchtige Furz namens Second Amendment Proposition so elendiglich an einer Überdosis Branntwein eingegangen war und aus dem kleinen Whiskey ein fetter, geiler Sack wurde, der sich vermehrte wie Karnickels, haben wir es heute noch mit den Nachkommen beider Babys und deren Familien zu tun: dem Amoklaufen und dem Komasaufen.

cker nach der Abentlichen Kutschfahrt an nem gellage teil genommen hat, un dann wahrense so dermassen Rand voll mit Dank barkeit, saurer mansche[35] und den Prinzhippien von ne alte Burbohnen, dasse am Fuse der Treppe unterthänigst den staub vom Boden vom ess zimmer küssen un ihre zahl reichen sünden & vergehen den offenen und Hilfs berreiten Ohren von nem halben duzzen vernickelte Spuck Näpfe beichten mussten.

---

[35] sour mash ist eine Whiskey-Destillation.

Kapitel XV
Angriff der unternationalen Legionen

Häut abend bin ich echt zu müd zum noch was in dich reinschreiben, Herr Tagebuch, aber ich glaub ich mus dir trotzdem sagen warum ich überhaupt so kaput bin. Wo die tagung und das gellage gestern nacht rum war, hat mich der farbige Schentelmenn, der wo im Hottel nachdiens hatte, auf mein Zimmer geschäucht wo im obertesten Stogwerg liecht.

Ich hab mich aus gezogen un bin inne Kiste gehüpft, so schnells ging, weil ich wahr schon ganz schön fertig. Kaum bin ich eingeschlafen, hab ich geträumt ich bin Preß denn schafts kanndiedat, für die Partei von Mein-Nahme-is-Hase, mit Benny Butler als Tritt Brett Farrer. Aber plötzlig bin ich wider auf gewacht mit nem Gefühl als ob n lecktrischer Schlag über mich drüber schleicht. Ich hab Panick gekriegt un hab gedacht ich kriech jetz die sieben jährige Krätze[36], also bin ich ausm bett raus und hab das licht an gemacht. Nach ein gehnder Inspeckzeon hab ich fesgestellt daß mein ganzer Körper von oben biß unten mit weise knötchen überseht war. Dann hab ich auf das Lacken geguckt, und da habich ein gros artiges Specktackel dagebooten bekommen: dort, auf einer kleinen an Höhe vom Feder Bett, stand der oberste Herführer, umgeben von sein stab, un hat Bevehle gegeben. Kommpaniehen von Ge-

---

[36] „the seven-year itch", so heißt auch ein Film von Billy Wilder. Hierzulande wird das „itch" gewöhnlich wegübersetzt: man sagt „das verflixte siebte Jahr". Finde ich aber nicht so kitzlig.

freite, mit ihre schallachrote Galla Parade Uniformen, standen in reggimenter, Diwisionen un Briggaden in rei un glied drumrum. Die reckimenter sin 1 nachm andern am Anfürer vorbei maschiert, und die Kappelle hat die Natzeonal Hümmne angestimmt:

„Völker, höhert die signale!
Auf zum grosen gefecht!
Die hinter und unter Nazionale
ersaugt sich das Bet wanzen recht!"

Die Protzession war die bei eindruckerndste wo ich jeh gesehn hab. Die komplete parrade hat volle zwei stunden un zehn Minnuten gedauhert.

Eggsackt um 2 Uhr 20 hat sich die armeh zu nem 4eck vormiert wo inner mitte hohl war, und da standen dann die Offenziere. Dann sinn die hohe Priester zwischen alle rum geloffen un ham Weirauch über die soll daten geschwengt, und ham se nochn letztes mahl zur Stand Haftigkeit ermahnt, denn Rum & Ehre & Beute sind schon ganz nah. Dann hamse noch mal bischen Weirauch über alle drüber geschwenkt, un der hat schlimmer gestunken wien Limbugger Käse.

Inzwischen wars 3 Uhr, un ich hatte schon nerven Flattern, auserdem hab ich langsam gefrohren mit meinem kurzen Kostühmchen an. Weil ich von Nattuhr aus so barm herzlich und rück sichs voll veranlagt bin, war es mir nich möglich zum mit dem feint kurzen Protzess machen. Wären ich überlegt hab wie ich es anstellen kann zum meine Festung zurück erobern, ohne dassich ne Eppidimie risskier, hat sich das Her vor meine Augen in fünf diwisionen formiert. Die wo unter dem Beviel von Gennerahl Majohr Blutsauger stand, hat an Weißung gekriecht zum die wände hoch maschieren und sich unter der Decke sammeln. Die anderen vier sin in die Ofensiefe gegangen und ham mich von alle Seiten gleich zeitich angegriffen. Doch leider, ach!, hab ich zu spät germerkt dass meine Güthe hier feel am Platze wahr, un da is mir nix anders mehr übrich geblieben als wie mich hastig verteidigern. Schnell binnich ausm bett raus, hab mir die Waschüssel geschnappt und ein stulbein da reingestelt, dann den Nachtopp und da das andre stuhlbein rein. Was anderes wo man als Festungs Kraben nehmen konnte, gabs in dem zimmer nich, also hab ich ein Explar vom *Preßbitterianischen Bote* und eine *Sun* genomm un ein Buch mit dem tittel „Biblische Gründe". Dann hab ich die letzten zwei nackte und schutz lose stul beine in die *Sun* un in die bieblischen Gründe rein gestellt, den *Preßbitrianischen Bote* hab ich übers bett gebreitet, un mit nem teuflischen lachen auf n lippen hab ich mich in meiner bewärten trutzburg verschantst und auf den an Griff gewartet.

Der Trub an der Dekke, unter genneral Blut Sauger, hat den Bevel gekriecht zum los schlagen.

Die kappelle hat noch ne weile gespielt, wärense sich zu ner Fahlanks aufgestellt un dann fast im selben moment den lebens gefärlichen Sprung gewagt hat, un prommt isse mir mitten in meine Deffensief-Anlage rein geplumst. Die Armen! denen isses ergangen wie so viele andre. Sie ham die Dißtanz vehl kalkerliert un sin in der Witz Kollummne vom *preßbiteerianischen Bote* aufgeschlagen, und dem sein bekanter ein schläffernder Schargong hatse sofort über weltigt.

Wo er den schmälichen abgang von Kommendant Blutsauger gesehn hat, hat Gennerahl Robeson[37] zum Angriff geblasen un sich in doppelter geschwindikeit über meine *N. Y. Sun* Barikahde genähert. Beinah hatte er schon meine Stuhl Beine erreicht, da sprang er währen er seine mannen noch vorwärz trieb, über den endscheidenden satz und katerpultierte sich in den tot, ja in ein für war plötzlichen un krausamen tot! Armer kerl! Die andern sinn so zügich vorwärzmaschiert dasse gar nich gemerkt ham dass sich da ein sarkaßtischer und doppel züngig fertig machender Leid Artickel von Charles A. Dünn-Ammitt über die ammrikanische marriene vor ihn auftut wo sie durchmüssen. Die über lebende werden bestimt n man mal erichten auf den Überresten von ihre tapfere un riesiko bereite Kammeraden, mit der in Schrifft „gestorben an gebrochenem herzen".[38]

Wo Gernerahl Robert Ingersol[39] die Zerstörung von Robesons streit Kräfte geseen hat, endschloss er sich zu einem lang samen Vor Marsch, doch grad wo er die Rück seite von meiner barikahde bestiegen hat un kurz vorm Entsputt war, hat er den Tittel von dem Buch erblikkt. Ohne zögern bließ er zum rück Zug. Die bieblische Gründe waren zu viel für ihn. Die klufft über Kweren wollter nich rißkiren, un er wollte seine

---

[37] George M. Robeson: ein alternder US-Navy-Offizier.
[38] Wenn der Navy-Admiral Robeson in einem Anti-Navy-Artikel untergeht, dann hat das Pfiff. Respekt, Georgie! Gute Barrikade! Is halt schon wichtig, daß man seine Widersacher mit Namen kennt, wa?
[39] Bob Ingersoll (1833-1899): auch diesen Fuzzi kennen wir bereits aus dem DIARY und aus ABROAD. Kein Politiker, sondern ein Redner. Doch mit seinen Reden schubste er die Politik schon auch an. (Daß er ein religionskritischer Redner war, ist der Grund, warum er hier scheitert. ☺)

mannen nich noch Meer un noch gefärlichere gefaren aus setzen.

Jetz wurde krieg's Gericht gehalten un dann hat mann beschlossen, daß man die streit kräfte zusammen zieht zum einen gemeinsammen beherzten vorstos machen zum meine Festung vom Mehr her errobern. Ein halb ab gebrantes Streich Holz wurde besorcht, un ne An Samlung Solldaten sin an bort gegangen. Das Trantzportgeräht muste man aber auf geben, denn das Schif hat sich als nich mehr zu beherschen erwiessen un seine lebende Fracht hat, wo sie erkand hat wies um sie stet, ein gestimt in „Wir gehn unter mit wehenden fanen".

Inzwischen sinn schon die ersten sonnenstrahlen durch die kapute Vorhenge durch gekommen und ham die Über Lebende gewarnt dass n neuer tach im Anmarsch is. Al gemein wurde zum rückzug geblaßen, die gesammte Armeh is in ihre unbezwingbare burg hinter die ritzen vom bett gestehl zu rückgewichen, un am Ende wahr ich der alleinige sieger vonner schlacht.[40]

---

[40] Verständnishalber möchte ich hier noch eine kleine Fußnote einfügen, denn heutzutage ist das Wanzenfangen vermutlich nicht mehr so üblich, daß man Georgies Kriegstaktik so ohne weiteres kapiert. Also: da die Wanzen, deren Hauptwohnsitz gewöhnlich hinter den Fußbodenleisten war, vom Boden her kommen (und nicht fliegen können), ging ihr Weg zum Menschen und damit zum Ort der Nahrung stets notgedrungen über die Bettpfosten bzw. die Stuhlbeine. Daher riet man den Leuten früher, bei Wanzen ihre vier Bettpfosten in vier wassergefüllte Behälter zu stellen. Die Wanzen stiegen dann außen an den Behältern hoch, fielen ins Wasser und ersoffen dort, und am nächsten Morgen mußte man dann nur noch die toten Wanzen aus den Behältern leeren. Genau das macht Georgie (und wenn er das nicht genauer beschreibt, so deshalb, weil Metta Victor annehmen konnte, daß jeder Leser weiß, wie man Wanzen be-

Un nu, Herr Tagebuch, wunderste dich immer noch dass ich nach so nem erlebnis und dann noch nach der anstrengden fart von Troy nach haus jetz bißen müde bin? Vielleich denkste auch ich hab gelogen. Hab ich aber nich denn jedes wort wo ich heut nacht in dich rein geschrieben hab is die heilige Warheit, un zwar ganz ohne „verdrehung, über Treibung und verherlichung, un darfon mal ab geseehen wird dir jeder, wo mich kennt seid ich nich mehr im unter Rock rumlauf, bestetigen, dassichn kleiner Georgie Washinton bin.

---

kämpft): er nimmt seine Waschschüssel und seinen Nachttopf, füllt sie mit Wasser und stellt sie unter zwei der vier Stuhlbeine. Unter die anderen beiden legt er Zeitung und Buch, die er dann zusammenklappt, nachdem die Streitkräfte hineingefallen sind. Genauso mit der Zeitung auf dem Bett: Wanzen fallen von der Decke auf die Zeitung – bingo, Zeitung zusammenknüllen und fertig. Georgie selbst ist aus dem Bett geflüchtet und sitzt auf dem Stuhl, seiner Trutzburg. Die letzten beiden Regimenter, die übers Meer kommen wollen, sind die, die im Nachttopf ersaufen. – Noch heute lautet ein Tip, bei Wanzenbefall die vier Bettpfosten mit beidseitig klebendem Tesafilm zu verbinden.

**Kapitel XVI
Georgie, der Modereporter**

Heut hamse in den ganzen grosen Kurz un Hut Wahren Läden die Herps un Winter Kohleckzionen eröffnet. Clara Bell, die wo sonst das Zeug für den *Buster* redzensiert, hat völlich den verstan verlohren über son 50 Dollar Käppi, wo sie sacht das is das süseste Teil wo sie jeh gesehn hat, also isse rauf nach Hackensaw zum probieren ob se nich ihrem alten un verheiräterten Onkel die kohle ausm after raus leiern kann, wo n narre an ihr gefressen hat. Herr Gilley hättse ja endlassen blos schuldeter ihr noch ihr Hornorahr vom letzten halben jahr, also mußt er das beste draus machen, un desshalb hat er mich da hingeschickt damit ich das Zeuch an ihrer stele schreib.

Daß Folgende is das was morgenfrüh im *Buster* kommt.

„Der erste ort wo sich unser Repporter hin begeben hat wahr Lords & Tailor's. An der tür hatn ein agresiefer Heini auf gehalten, dem hat er sein Pappendeckel pressetiert, un sofort hat man ihm n klein wüxigen Kasierer zu geteilt wo ihn in die Konfickzions Abteilung eßkortiert hat. Diese abteilung war be engstigend dicht mit Frauen besiedelt wo sich gegen seitlich Komplemente für ihre Klamoten gemacht ham.

Die teuertste Kluft auf der ausstellung war aus Paris importiert un bestand aus nem rotgrünen unter Rock wo man die farben so zusammen geneht hat dass das ganze ausit wien schachbrett. Über dem Unterock un hinten von der teilie aus den rücken runter wahr ne Himmel blaue Sattehn Chorsarsche mit langer schleppe mit wogende hügel un täler wo man aus nem haufen von die billige, zwo-Stück-für-ein-cent-Bullwahr-Käseblätter gebastelt hat. Die Forder Seite von dem rock bestannt aus ner masse Schnörkel wo von den seiten runter gehänkt sin, un inner mitte hat man da n Schleivchen draus gemacht, un das ganze war aus ilusohrischem Zeuch so dass mann den unterrock durch gesehn hat. Der ganze Zinnober war auf geblasen wie das obere von nem Balohn, blos noch bischen mehr. Über allem drüber war ne Pollonese[41], un das Fisch Bein Gestell hat das ganze auf gebläht vom hals ab bis zur Teilie wo dann verdammt eng war.

Dieses Häs is die Krehäsion von Wurth, dem mänlichen Hut Macher[42], un kostet 5 tausen Dolar. Man hats per xpress für ne Gattin von so nem Klemmptner aus der city importiert, die hat denen ihre Masse mitgeteilt, aber die sinn so dermasen weit oben angesiedelt das der Damf Krahn, wo sie eckstra zu dem zwegg angehäuert hat, ihr korsett anscheind nich eng genug geschnührt gekriegt hat dass sie ins kleit rein kam. In der

---

[41] „Robe à la Polonaise" nannte man in der damaligen Damenmode ein Kleid mit einem gerafften Überwurf, welcher aussah, als würde sich Madame die Röcke mit der Hand hochhalten, damit sie durch den Matsch waten kann – nur daß das Geraffte bei den Damen der Haute Couture natürlich durch Draht und Fischbein geregelt war und sich darunter auch noch ein weiterer Rock befand. Man mußte ja schließlich nicht durch den Matsch waten, es sollte nur so wirken. Es war ein modischer Hingucker, inspiriert durch Milchmädchen und anderen fußläufige Frauen.

[42] Charles Frederick Worth (1825-1895) war der „Father of Haute Couture", ein recht angesehener damaliger Modedesigner. Kaiserin Sissi von Österreich trägt auf einem berühmten Gemälde von 1865 eine Creation von Charles Worth.

anwissenheit von unserem Reporter wurde das Kostüm von der Frau von dem mülljohnen schwären Herausgeber vom Eagle *von Sarrytoga*[43] *für 48 hundert Dollar Bahr erworben.*

Ne unheimlich reizende kleine mode Puppe hat uns, auf unsere dieß bezügliche anfrage, gesacht, dass man die leibchen häuzutage doppel reuig drunter trägt. Daß die vor schriffts mässige Turnüre[44] *minderstends sex New Yorker* Heralds *enthellt, da drüber dann eine Texas* Siftins[45]*, zu Gunzen von die kirchenbank Sitzer im rücken der trägerin. Dass Grünolienen*[46] *ein durch schnittligen Duch Messer von 137 Zentimeter haben un dass manse jetz mittie neue Anti-Knöchel-Raus guck Sprung Feder aus gestadtet hat. Daß mann die Mieder jetz sehr tief aus geschnitten trägt un sie mit luft und Spitze aus füllt. Dass man Chorsetts neuer Dings mit Rätschen un stell Schrauben aus starviert damitt manse noch enger um die Teilie rum zurren kann. Daß Wolle, weil sie rellatief billig ist un noch dazu die eigen schafft hat dasse sich aus dehnt oder ein geht, bald der Baumwolle den rang abläuft als unendbärliches Mattriahl für die Auf Brezelung von die Mode bewuste Frau. Auf die letzte frage von unserem wies begierigen Repporter is die junge Dahme rot geworden bis über beide oren und hat gerufen: „Oh, Sie sin furchbar, sie zeitungs Fritze Sie! Rüschen werden nie aus der mode kommen, dass sie das Wissen!"*

---

[43] Saratoga: Stadt im County New York
[44] Tournüre: Gänsekissen. Siehe A BAD BOY'S DIARY.
[45] Texas Siftings: texanisches Witzblatt.
[46] Die Krinoline oder der Reifrock war eigentlich der modische Vorläufer zur Tournüre. Während die Tournüre nur die Hinterseite der Damen aufbauschte, waren die Reifröcke Unterrockgestelle, die die gesamte Rockpartie mit Volumen ausstatteten.

Die Strumpf wahren abteilung war nich auf wo unser Reporter da war, aber er durfte mal rein gucken. Sie wird von B-Amte des männlichen Glaubens geleitet weil die wissen wascheinlich besser als frauen was auf den reizenden Kunden dieser unvertsichbaren artikel der weiblichen bekleidung am verteilhaftersten wirkt. Der letzte Schrei is eine kleine maus, wo hoch gekrappelt un auf halber höhe stecken geblieben ist.

Es gibt sie in alle Farben, und mann hat sie kornzippiert zum Tragen im nassen un matschigen Wetter. Sie heissen „Gute ausrede" Strümpfe weil die er röthende Trägerin hat damit ne gute Aus rede parrat daführ dasse sich die Röcke nich mit Matsch un Modder eingeseucht hat. Die Maus sieht un heimlich echt aus, un eines schönen tages wird noch ein behertzter Schaffner vom Ell R. R. auf tauchen wo man ein Tritt in den aller Wertesten verpasst weil er versucht hat eine zu kitschen, un er denkt immer noch dass er die bezaubernde trägerin von einer unbeschreiblichen Marther erlöst hat.

Der absolute Kluh an so nem Hut is ein Straus gelbes & grünes sammt, mit ner Mini katze oben drauf won bukel macht und ihren Schwanz der dame innen nacken hänkt. Er kostet ein hundert & fünfig dollars, un die Damen sagen alle so was süses hamse noch nie geseen.

Überhaup is die Logick von Frauen kurriohs. Wennse so scharf sinn auf Katzenviecher, warum, im nahmen von Pennylope Pennyfether, bleibense dann nich einfach mal inner Montschein Nacht wach un setzen sich, bewarfnet mit ner doppel läufichen Knarre un aus reichen Munzion, ans Hinter Fenster? Dann kriegen se Meer von der sorte zusehen wie vorher in ihrem ganzen leben. Das is vernümpfiger wie wenn mann

Lords & Tailor's 150 dollar zahlt fürne lächerliche Katzen atrape wo nich ma eck zähne hat."

**Kapitel XVII
Die Suchanzeigen**

Seid die ganze zeitungen mit dem Preiß runter sind, ham sich die wo nicht so viel runter sin, alle möchliche Massnamen überlegt zum ihre Auflage oben halten, also hat Herr Gilley beschlossen dasser n paar Spalten einführt mit Kratis such anzeigen. Zum den stein ins rollen bringen, hatter gesacht ich soll ma n pahr beseudo Anzeigen dichten. Ich hab da allen möchlichen Zeuch rein geschrieben, vom kleinen un feinen priwaten bis zum grosen fetten Dampf Motor.

Wo ich heut morgen in die Redackzion gekomen bin, wahr da ne riesige mäute Frauen inner Park Row, daß ganze Trottwahr war voll, un ungefähr hundert pollenzisten waren auch noch da und ham daführ gesorcht daß die Frauen eine einzige orntliche ellenlange Schlange bilden. Ich hab kein blassen Dunz gehabt was da los war, bis ich hoch bin und gesehn hab wie die Protzession beim Zimmer vom Relligions Redacktöher aus und ein deffiliert. Da is mir wider die Anzeige eingefallen wo ich geschrieben hab, wo folgendes drin stant:

„Suche eine tralle, voll busige, gutausäende, gutmythige Jungver, spätere Heierrat nicht aus geschlossen. Sie sollte R-Fahrung haben darin wie mann sich in schale schmeist un wie man ein modernes Etapplissemang fürt. Ernst gemeinte Be-

*werbungen bitte morgen möglichs früh im Bürro vom relle-
johns Redaktör dieser Zeitung."*

Na, der Regeljohns Redaktör bei uns is haltn gans rei-
zendes Kerlchen was frauen bedrift, also hatter jede 1zelne
rein gebeten, hatse um armt un ihr nen schmatz gegeben un ihr
gesacht er meldet sich schriftlich so bald er seine Endschei-
dung gefellt hat. Den ganzen vormittach sinse da raus un rein
geschwärmt, man hätt grad mein könn alle frauen von New
York sinn auf Männerschau. So um 11 ham wir gemerkt dass
da irgendwas den ein gang verdunkelt, das hat sich dann rum-
gedreht un is vonner seite an gerückt un hat gejodelt: „Oh-ho-
ho wo-ho-ho issn der vermalledeichte Schatzi wo ne tralle voll
busige Jungver zur frau will?" Da ham wir alle geschnallt dass
dass die fette Wachtel vom Bowery Mußeum war, und ich hab
dann auf den religions Redaktöher gezeicht. Da hatse den in
die arme genommen und gedrückt, bis man seine rippen kna-
cken gehört hat. Wo er im gesich schon gans blaurot an gelaufen war, da hatse wohl gedacht sie hat sich im mann geirt, und
dann isse auf Herr Gilley los, also ist mir eingefallen dasses
langsam ja zeit zum Essen is. An der tür vonner redakzion hab
ich die Kohr Sängerin getroffen aus der kleenen kirche umme
ecke, wo mit dem religjohns Redacktör verlop is, und die hat
gesacht ich soll ihm ausrichten dasser n schwein is un dass sie
ihn verklagt wegen Wort Bruch, wasse auch gemacht hat.
Wo ich zum essen heim bin hat mich der Redaktzions
Leiter ein gehohlt un gelacht un gesacht das war ja n klasse
streich wo ich dem frommen Schreiberling da gespielt hab. Ich
hab gesacht das war garnich babsichtigt, weil ich hab ja nie im

leben gedacht, daß auch nur eine frau Den für hüpsch genug hellt zum ihn Heirraten.

Nun isses so daß der Redaktions Leiter selber ers letzte woche geheirätet hat und im Hotel Metropohl loschiert. Kurz bevor wir da angekomm sin, hatter mir ne 10 Cent Zigarre geschenkt un gesacht dass is für den Spaß wo er mit seiner frau gleich haben wird, wenner ihr von dem Streich erzählt.

Ich nehm an er hat sich gans gut ammersiert, weil er is nähmlich gar nich ins Hottel rein gekommen, weil überral waren Frauen, Männer un kinder wo zu ihm hin gerand sin un ihm Bebi's inne Hand gedrückt und gesagt haben das is seins. Wallos sind da bebis rum gelegen, auf den tischen, dem fus boden un der bar. Die Zimmer oben wahren knackevoll mit Bebi's. Man hat neue Wiegen in die fluhre gebracht, un in jeder wiege wahr so ettwar n halbes Duzzen Bebis drin, un jedes bebi hatte ne karte an seinem Lätzchen dran wo drauf stant: Tom Wilson, Susie Wilson, Paddy Wilson, Biddy Wilson, und noch mehr Wilsons kweer durchn ganzen Gemmüse Garten. Acht seiten vonner Gäste Liste wahren voll mit ihre Nahmen, un oben auf jeder Seite stand dem Redaktions Leiter sein eigener nahme drüber, nämlich John Wilson, Vater,

Wo er in seinem zimmer angekomm is hat seine frau geheult wie wenn ihr gleichs herz bricht. Wo sie ihn geseen hat, hatse n Schrei losgelassen, dass jeder schnell in sein Zimmer geflüchtet ist, und hat gekreischt: „John Wilson, du bissn Monster, du bissn Halotri, du bissn Schufft, du bissn un verschämter Wüstling. Bring mich zurück zu mein Eltern, aber so fort, un wenn du noch ein einzigen funken Männlichkeit in dir hast, dann geh und gib die mütter von diese arme Weisen ne Endschädigung."

Zimmlich prommt is bei Herr Wilson dann der groschen gefallen, un er hat böse gegrinzt un in wilde Oktafen gejodelt: „Ich brauch ne Gatlin Knarre, geladen bis zum an Schlag mit dreißig un elf ladungen dünner mit, un dann geb ich par schuss ab auf diesen un verbesserlichen Rotzbengel aus der unter Welt, den Hauskobolt vom *Buster!*"

Dann hatter sich wieder n bischen abgeregt, die morgen ausgabe vonner Zeitung aus seiner jacken Tasche raus gehohlt und der Meute laut vor geleßen: „Suche ein liebes, gesundes Bebi zur Addobzion. Fragen werden keine gestehlt. Abzulegen im Hottell Meteropohl, zu Händen von John Wilson, Reddaxions Leiter vom *Daily Buster.*"

Da hamse alle wieder laut gelacht, un dann, nach dem sie ne kleine Partie für die Meute organnesiert ham, sin Herr un Frau Wilson aufs Land raus zum ne Farm mieten un paar he Bammen zum sich um die ganze Bebis kümmern bis man für alle ein Platz gefunden hat.

Ich glaub ihm un seiner frau kommen bebi's schon zun ohren raus weil ich hab gehört wie er zu einem von die Hotell Fuzzis gesacht hat dasser jetzt mehr Bebis um sich rum hat als er sich Jeh erträumt hat, un zwar deutlich mehr.

Un nu, Jenosse Tagebuch, muß ich für heute schließen, weil ich muß die 25 sent Zigarre roochen wo mir der Relejons Redaktöher geschenkt hat für den Spaß wo er gehabt hat an dem Streich wo ich Hr. Wilson gespielt hab.

**Kapitel XVIII
Die Pariser Grisette**

Gesternabend hat Herr Gilley mir ne ein Ladung gegeben für den kostümball, wo seid Sex Wochen schon ganz New York drüber schwätzt. Es sollte ne ganz fesche Party werden, also habbich wo ich Heim gekomm bin mal mein ganzen Kleider Schrank ausgemisstet, aber ich hab kein Koßtüm gefunden biß auf die Kledaschen wo ich an gehabt hab wo ich den Zaun hinter unserm Haus Rot an gestrichen hab mit grüne Spitzen. Ich hab aber gleich gemerkt die komm nich infrage, weil die ham ganz detzend nach Qhe & Ferde geduftet was sich durch die hitze im Ball Sahl wo meechlich auf eine Art un Weiße verstärkt wo weder mir noch den hoch endfindlichen näßchen von die andere an wesende Arschtogratie angenem wäre.

Also habbichse mit einem Säuftser wieder weg gepackt und schwären Herzens fest gestellt daß die anderen Ball Geste wohl oder übel ohne meine erlauchte gegen Ward auskommen müssen, da is mir die Kiste mit klammotten eingefallen wo das Stuben Meechen, ne ganz ne feine Pieke, hier verjessen hat wo sie mit dem 1brecher & mit Mamas ganze Silber Löffel jetürmt is. Im Nuh hatte ich die kiste Auf, un da Boot sich mir ein überweltigender Anblikk von unheimlich schicke und modische Plünnen. Dann hab ich meine eigene Kledaschen aus gezogen und mich an die müh Selige arbeit des Anziehens gemacht. Ich sag müselig, weil es war verwirrent, unbekwem und man kriechte steife Glieder von. Früher hab ich mich immer gewundert warum Mama so lang braucht wenn se sich an zieht egal wo se hin will, und Papa hat dann immer geschimpft und gesacht sie soll mal los machen. Jetz wunder ich mich da ganich mehr, weil jetz weissich selber wie das is, un nach dem ich mich mit die nadeln, Knöpfe, schnürchen, spitzen, Strumfbänder un dem ganzen Zeuch ab geraggert hab, sinn frauen in meine Augen echte Mehrtürer. Das kleid wahr grad kurz genuch dass meine blau gestreifte seidene Strümpe raus geguckt ham, un so zehn zentimeter stickerei dazu. Die Strümpe waren bißchen zu gros, also habbichse mit Taschen Tücher aus gestopft. Die Hüvte hab ich zu gekriegt, da wo die teilie is, aber dann hab ich nochn halbes Duzend kissen Bezüge undn paar Lacken gebraucht zum die obere Forder Seite ausstopfen. Ich hab dann ne geräffte Grünnoliene dazu an gezogen weil se sonz rausguckt, und Mamas Petschwerk Decke dazu damit die Turnüre auch so gros raus kommt wie man das häute trägt.

Wo ich fertig wahr mittie Anzieherei hab ich aus geseen wien mauer Blühmchen vonner Fifth avenue, alles an meinem Auf Zug war komplet, blos konnt ich mich kaum mehr hin setzen weil die Reifen waren zu weit. Mama hat mir dann noch die hare gemacht un mir ne Maske auf gesetzt, dann hatse gesacht jetz seh ich aus wie ne orgeniale Parißer Chrisette[47].

Kaum war ich drin im ballsaal sin schon alle marskuline gestallten auf mich geflogen und wollten mich als partner. Je-

---

[47] Grisetten waren damals unverheiratete, aber selbständige Frauen, die als Näherinnen usw. arbeiteten und sich selbst ihren Lebensunterhalt verdienten. Benannt wurden sie nach dem Stoff Grisette, der preiswert war und mit dem sich diese unkonventionellen, selbstbewußten Damen daher meist einpuppten. Hier ist dies eine schamlose Untertreibung, denn Georgie sieht wohl nicht aus wie eine Grisette, sondern wie eine Kokotte. ☺

der wo mit mir getanzt hat, hat mich zu Eis un Karramell ein geladen, un ich glaub ich hab ungefair siebzen Mahl abend gegessen, jenfalz hab ich so viel gefuttert, daß michn gehöriger druck auf die Teilie gewarnt hat dass sich, wennich mein Appentitt nich im Saum halt, ne hüpsche Kater Strophe anbant.

So um 2 bin ich lang sam müde geworn und wollt heim, aber mein Partner, wo Herr Gilley wahr, wo das Kotztüm an hatte wo er mich zu Ike Israel in der Chattam Street geschickt hat, damit ich ihm das aus lei, und wo der jude gesacht hat das stehlt Tom Okiltree dahr den Räuber aus Texas[48], hat mir versprochen dasser uns ne kuttsche besorcht un mich heim schoffiert wenn ich bis um 3 bleib. Ich hab gesacht okee, hab nochmal 3 oder 4 tänze mit ihm getanzt un noch bischen Eis verputzt. Dann hatter ne enge kutsche gerufen un dem Fahrer gesacht dasser Gans langsam fahren soll, weil die schnelle bewegungen womeechlich meine nerven belasten.

Kaum sin wir los hatter mich auf sein schos gesetzt un die kissenbezüge & laken geknuddelt un mein linkes ohr ab geschleckt un is auch sonz zimlich verdraulich geworden, also habbich gedach jetz is der augen Blick gekomen wo ich wider ich sein kann, also hab ich meine maske gelüftet. Kaum hat er mein gesich erkand hatter geschrien: „Oh! Der Leerling!"

„Jau, Sir", hab ich gesacht, „ich bins. Der fehler Teufel hat sich ein geschlichen."

Da hatter zum fahrer gesacht anhalten, hat sein Fuß gehoben un mirn tritt verpasst wo in Mamas pätschwerk decke gelandet is, un hat gesacht: „Raus mit dir."

---

[48] Thomas P. Ochiltree (1837 – 1908) war von 1883-1885 Abgeordneter im US-Repräsentantenhaus für Texas.

Ich glaub er hat jetzn zimlichen rochus auf mich, ob wohl er so tut als ob nich, aber das is blos anstellerei, weil er hat angs dassich die ganze Geschichte Rum erzähl, un dann lachen ihn Herr Wilson und der Regeljohns Redaktöher aus.

Der klatsch Spalten Füller hat in seim Bericht im heutigen *Buster* geschrieben:

„*Der Parisser Chrisette wurde von alle an wäsende ein hellig die Ehre zuerkand, dass sie die Schönste auf dem ball war. Kenner sagen es habe sich dabei um Frau Ellen Terrier[49] gehandelt, den neusten künzlerischen im Port aus England, un dass Herr Vandybilt, vergleidet als Reuber von Texas, sie dann Heim gefahren hat. Wenn das der Phall ist, dann wird in einer gewissen Statt Villa heut abend wohl noch der Hausegen schif hängen.*"

---

[49] Ellen Terry (1847-1928) war eine englische Schauspielerin und beste Shakespeare-Interpretin ihrer Zeit.

Kapitel XIX
Der Misogyn

Unser Ferde Repporter isn echter Miesegühn, der könnt um den ganzen blok wetzen befor er ne Tusse findet wo mit ihm flörten will. Wascheinlich isser n stro Wittwer wo mal ne frau hatte wo ihn am gengelband gehabt hat, un von der isser noch nich geschitten. Jenfalz verschwendet er seine ganze Zerdlichkeit an gutauseende Ferde, un für son Gaul würd er mehr tun als wie für Lillie Langkry[50] und die ganze bande von brofesionelle Schönheiten.

Ich hab immer gedach es is schade wenn son schicker Fuzzi wie der nich ne Frau hat wo sich ihr Herz und den ganzen andern zinnober für ihn bricht, also habbich heut morgen Briefchen geschrieben an paar Mädels wo ich kenn wo nix dagegen haben zum sich verlieben, wo drinstant sie sollen mal beim *Buster* an rufen un den Ferde Repporter zu sprechen verlangen, weil der is ganz vernard in sie un will dasse ihn heut abend aufn Tripp nach Boston bekleiten.

So um eins is ne zimmlich große un korperlente Frau inne redaktion maschiert wo aus sah wiene echte Wucht Brumme, un hat nach dem ferde Reporter gefracht. Ich hab ihr sein Bürroh gezeicht un hab die tühr hinter ihr zugemacht, aber so daß ich noch mit gekriecht hab was passiert.

---

[50] Lillie Langtry (1853-1929) war eine englische Schauspielerin, für die auch Oscar Wilde sehr schwärmte.

„Senn sie der nichts Nutz wo sich Stuten Reporter schimvt?" sachte sie.

„Ich bin der Ferde reporter, meine Dahme. Was is mit ihrem Mutter Tier, isses rotz krank?"

„Meene mutta soll rotzkrank sin, sie un vaschemter pflegel sie, wat fellt ihn ein? Meene mutta wo schon seid zehn jahre die beggonien von Unten bekiekt. Kommse mir nich mit so unpassende Rückschlüsse, sie laffe, über meene mutta wo an anti schwindsuch krepiert is, sonz ramm ich meene 10 Nägel mitter scharfen Forderseite so gegen ihre Magen Krube dit se denken n Maulesel is ausjerissen. Senn sie die persohn wo mir die ein Ladung hier geschikt hat?" sachte sie un gippt dem Repporter den Wisch.

„Ich kann ihn versichern, Knäfrau", sacht er, „dass dass n Mist Verständniss sein muß weil ich hab diesen brief nich geschrieben."

„Achnee, sie Hunzfott, so is det allso, ers wollnse ne achbare wittwe wie mir ruhinnieren un sich dann so aus der Aphäre schleichen? Kloobense vielleich ich bin nich hüpsch jenuch for son Milchjesich, son schmal lippigen affen schwänzigen Simpels Fransen Depp, son stelzen beinigen, hoch geschnürten, korsett jepanzerten Schwachmat von Zeitungs Fuzzi wie Sie? Wenn mein Pat noch am leben währ, dann würd der ihn ne Leckzeon erteilen für det nächste Mahl wo se ne junge wittwe wie mir vaführen wollen, schreim se sich det hinner ihre Leffel, vastanden?"

Kaum wahrse aus der tür raus als ne lange, dürre einsamme Jungver, wo so vierzich lenze un viel zu viel Winter aufm buckel hatte zum sie zählen, reingeschwebt gekomm is, ihr rock warn ganz kleines bischen hoch gehoben so dass man zwei blau weiße stängel gesehn hat wo man genau sogut für Pfeifen Stile hätt halten können wenns nich ihre Knöchel gewesen wären. Sie hat sich Gans lieblich zum gerichts Reporter runter geneicht un gesacht mann soll sie bitte ins Büroh vom Ferde repporter führen.

Kaum hab ich das gemacht, hatse sich aufn Stuhl gesetzt wo dereckt neben dem Ferderepporter stand, un hat gesagt:

„Hier binnich, Georgie Schatz. Ich bin wansinnich nervös, weißt du. Ich bin ja so unheimlich jung un un erfahren, un meine mama sacht ein so junges un un schuldiges Meechen wie mich sollt man nich allein mit ein Man nach Boston faren lassen. Aber andrer Seitz, Georgie Süßer, du siehs über Haupt kein bißchen unenständich aus. Meinze nich auch, daß wir beide uns wunnerbar amüsieren, Schatz?" Dann hatse rüber gelangt un ihn mitten aufn munt geküsst, un dann isse rot geworn un hat gesacht: „Georgie, nich, küssen sollteste mich aber ers wenn wir uns beide bischen besser kennen." Sie hatn noch mal geküsst un sich ihm derekt aufn Schos gesetzt, dann hatse ganz erschrocken auf geschrien und gekreischt: „Iih, du schlimmer unanständiger Bengel du, wenn du das noch Mahl machs dann stech ich dich mit ner feder, aber richtig feste, das kannste mir glauben."

Der Ferdereporter war gans verzweifelt. Plötzlig hatter n Faffe aus der innen Statt erspät wo im Bürroh neben an aufn Reddaxions Leiter gewartet hat, da hatter gesacht: „Knäfrau, ihre zu Neigung is an mich verschwendet, weil ich bin ein verheirateter Man wo gestern Nach Zwillinge gekriecht hat. Sehnse den Man dadrüben im andern zimmer, das is der verde Reporter wo sie suchen."

Wo sie dann auf dem schos von dem Prediger gehockt is und da ihre ganze Knutsch Nummer ab gezogen hat, hat schon die ganze Beleg Schafft bei dem ferdereporter rein geglotzt, und wenn der *Buster* irrgendwann mal nix mehr hat für die Skandal Spalte, dann müssen wir blos den einen Skandahl aus der Schupplade hohlen von dem Faffe wo ne vierzich järige alte Jungver ab geschleckt hat.

**Kapitel XX
Mephisto in der Kirche**

Heut is Sonntach, un eintlich sollt ich da nix in dich reinschreiben, Herr Tagebuch, weiss ich ja, aber wo ich eh n dragikomischen rellejöhsen Bericht schreiben mus, seh ich kein Grund dassich dir den nich weiterleite.
    Heut morgen hat zimmlich früh der relejohns Redaktör bei uns geschält un gesacht er gibt mirn viertel Dollar wenn ich nach Brooklin geh un da für ihn ein bericht schreib über ne Predickt, weil er will in die kleine kirche umme ecke und die sache mit der Kohr Sängerin Regeln wo ihn verklagt wegen Wort Bruch. Ich hab gesacht ockee un bin da hin, un der Platzenweißer hat mir n Platz ganz vorne zu gewissen, un er hatt nich mal ein Tritt von mir verlangt, weil er wascheinlich gewusst hat dassich auf der geste Liste steh.
    Dereck vor mir sas ne zimmlich korperlente Frau, so fett wien Wahlfisch, ne gattin von nem Brooklin statt Rad war das. Die hatte n hut auf, so gross wien fass, un hat den ständich hin un her gedreht so dassich gar nix geseehn hab von dem was da auf der Bühne ab ging. Ich glaub die frau hat so ihre 250 funt gewogen, & ihre Tournühre war so groß wie von nem Elfant. Langsam habb ich n Problem gekriecht weil ich sollte hier ja schlislich n Bericht über die Vorstellung vervassen. Der erste Ackt war fasst vorbei; die blonde Künzelerin hat ein solo gesungen, un das hat die zur Schauer so sehr intresiert dasse alle Samt auf gestanden sind. Ich dachte jetz wird's zeit dass sich

was rührt, also habb ich n Pfeffer Streuer wo ich zu fällig in der tasche hatte aufn sitz gestellt. Wo sich die Dame wieder hin setzen wollte, hat se nich mit nem Hinternis gerächnet un den schwung von ihre Masse deshalb auch nich gebremst un is mit vollem Characho in den Feffer rein gekracht. Ein lautes Gebrüll, dann hat ne fürchterliche Xplosjon das gebeude zum er zittern gebracht, un trümmer, frau, Klamotten, reif Rock, Hut, Knöppe, teile von der gummi Turnühre, Schleifchen un noch unzählige un unausprechliche weitere sachen sinn durch die luft geflogen. Ich hab noch nie in meim leben son Cahos gesehn. Die dahme is voll vorm Faffe gelandet, un pahr Kohr Sängerinnen sin zu ihr hin gerand zum sie retten. ham se mit schahls zu gedeckt, inne kuttsche verfrachtert un heim geschickt. Wo das durchenander dann bezeitigt un die Ortnung wider her gestehlt war, hat der Faffe gesacht:

„Ich bin heute morgen hier her gekommen ohne die leiseste anung über welchen gegen stand ich sprechen sollte und habe gänslich dem Schick Saal verdraut, dass es der Gemeinde und mir einen passenden zu weiße. Hier können sie nun selbst sehen, meine sehr vererten zuhöherer, dass mein Vertrauen nicht enteuscht wurde. Der Tex wo mir ein gegeben wurde lautet: Also beschloß Eva, auf Schickimicki zu machen. Sie machte sich aus Feigen Blätter eine Pollonese[51] im stiel al la Prinzessin, mit einem besatz aus Löwen Zahn Rüschen un einer borte aus Sonnen bluhmen. Dann hatse sich ein schaf Bock geschohren un sich von der wolle ne grose turnüre gebaut, un Adam is gleich auf ihre schicke plünnen geflogen, un dann hatse die nase gerümvt über die Tochter von der Wasch-

---

[51] Robe à la Polonaise: siehe oben.

frau wo blosn leibchen aus Palm Wedel an hatte wo sie schon raus gewaxen wahr.

Ihr frauen seit doch alle gleich, und ihr kriecht euern dress Kot von einer langen und direckten anen reihe vererbt. Ein hübsches gleit ist meiner ansicht nach kein sünndiges an hengsel für eine frau, vilmehr mag ich es wenn sich eine frau gut anzieht, aber zum sich gut anziehen muss mann sich als Frau weder des betrugs noch der lüge schuldig machen, so fern es eine schult der lüge gibt. Nun sinn aber Turnühren ein besonders beliebtes werk des teufels, denn sie sinn eine vorm von Betrug, ja ich bin sogar tief davon über zeucht, dass der Teufel in jeder turnüre sitzt, un daß alle frauen den Biebel spruch beherzicken in dem es heist: Geh hinter mich, satan[52]. Dem zur Folge werden luff Ballohn Turnühren in dieser kirche als verboten an gesehen, un jede frau wo den Verdacht auf sich zieht dasse eine rein schmuckelt, wird scharf kontrolliert un untersucht bevorse rein gelassen wirt."

---

[52] „Get thee behind me, Satan" wurde in der deutschen Bibel leider mit „Geh mir aus den Augen, Satan" übersetzt. Also sitzt der Teufel wohl nur in den englischsprachigen Tournüren drin.

Kapitel XXI
...da fiel es ein, und sein Fall war groß

Morgen sind Walen, also ham die Replikaner heut nacht ne riesige Umsonz Strassen Demoh veranstalltert. Ich bin froh wenn die walen endtlich rum sind, weil die ganze auf Regung und das lange auf Bleiben, was ja zu der Kammpanje dazu gehöhert, zerren an meine nerven. Jimmy un ich sinn grad ers heim gekommen, Herr Tagebuch, und wascheinlich ham sich die Paradiere gewundert was da um die urzeit noch auf sie nieder fährt.

So gegen halb acht hat sich die Fackel zug Protzession am Cooper institutt versamelt un sich an geschickert zum zum Uniyun Square maschieren wo dann die lügner ihre reden Schwingen. S wahren ein ganzer haufen bei der Protzession dabei, un paar davon hatten Fahnen wo ein Iltiss drauf wahr wo ein Hahn frisst. Das hat mich endpöhrt weil das war schon bischen arg frech, also sin ich & Jimmy denen vorraus gelaufen und ham die Strasse mit knallfrösche bedeckt wo wir eckstra zu dem zwekk gekauft haben.

Da hättste dich beölen könn wennste gesehn hätts wie die jodeln „nieder mit Gilley un die ganze wiskey saufende Dämmergraten!", und dann maschieren se grad voll drauf. Wo se auf die knallfrösche drauf getreten sin hamse den Masch bevehl nich mehr ab gewartet. Es gab dann ein unheimlichen Krach, grad wie wenn sich die Dämograten mit die Bosse von der Unterwelt vereinigen und ihre unapängikeit feiern.

Schade dass sich die protzesion dann auf gelößt hat weil hübsch wahrse schon, und die kappelle wo sie dabei hatten, hat bißchen Leben in die bude rein gebracht.

Die hatten da n pohdium erichtet, wo die dicken Kallieber von Partei Bonzen ihre Lügen un ihre elokwenz abfeuern wollten sobalt die Protzession ankommt, also sinn Jimmy un ich da hin un ham gewartet biß sich die Meute wo zimmlich dämorallesiert war, eingefunden hat und das Gedönz losgegang is. Der erste fuzzi wo sein Zeuch geschnackt hat, war son chlerikahler Tüpp wo anscheint kaum Elter war wie einenzwanzig. Der hat lang un breit beschrieben was er un seine Partei in der letzten unerquäklichen zeit Gutes für das Lant getan hat, wären der Kanndiedat von der Opersitzion, Herr Gilley, ja noch im unterrock rumgewetzt ist. Das hat mich fux teufels wild gemacht weils wahr ja klar daß der Fuzzi lügt wie gedruckt, weil wenn Herr Gilley ein Unterrock an gehabt hat wo der Krieg los ging, dann hätten seine Mama un sein Papa ja n Mächen aus ihm machen müssen, un dann hätter wascheinlich auch nich so schnell ne Klatze gekriecht. Die zuschauer waren anscheind nich sonderlich begeistert von dem sein geschwalle, weil der war ja eh aus O-ei-Oh, un Läute aus so ferne un unziwillesierte Länder sinn ja sowiso nich so gebildet wie wir New Yorker. Dann issn anderer Fuzi aufs po dium gestiegen un hat gesagt: „Meine Damen un herren, dies ist der vor Abend einer grosen Wal. Morgen treten wir freie menschen nach vorn un stecken die Walscheine in die Schlitze, und damit machen wir klar was für macht Haber wir hier wollen. Jeder hier an wäsende kennt den beschemenden zu Stand vonne Dämmerkraten von New York. Jede planke von dem holz aus dem sie geschnitzt sin, is morsch. Ihr vor Sitzender

Herr Gilley is die Fäulniß in persohn, un alles was rang un nahmen hat in der partei stinkt so zum himmel dass es der Frischfleisch Kontrolöhr sofort aussortieren müste. Hin gegen wie ist es mitte replikanische Partei? Sie ist so rein un lieblich wie ein neu Gebohrenes. Ihr vor Sitzender hat eine weste an so weis un sauber wie frisch gemolkene Milch, un die ganze unter Welt fände nich ein einziges morsches brett in unserem sollieden Holz." Grad da hat ihm der Teufel sein gedönz vermutlig übel genommen, weil ich hab an dem Seil gezogen wo ich um den Losen stand Fuß von dem podium geschlungen hab, un der ganze zinnober un die Sprecher und Fitze Präserdenten von der Verarnstalltung sinn übernander drüber gekippt, un dem erheiterten un intresierten Pupplikum wurde noch ne Zugabe gebooten, nämmlich ne aggrobatische Purzel Nummer. Alle Anwäsende wo gesehen haben wie das Podium nach gibt, sinn jetz zimmlich depprimiert un aber gläubisch, weilse denken der Teufel is mitn Dämograten im bunde, un das isser ja irntwie auch, oder nich, Herr Tagebuch?

Kapitel XXII
Der politische Drahtzieher

Herr Tagebuch, jetz wo ich das hier schreib, haste nix mehr zum Bevürchten mit dem Nahme von mir blutigem Leerjunge, weil alle berichte aus der statt bestätigen das Herr Gilley morz mäßig Stimmen kriecht, un da kannste dir vorstellen daß der leerling stolz is, denn wahr er es nich wo den Guwernör nomerniert hat? Und morgen nacht weiß das ganze lant dass er auch gewält wurde.

Ich hatte heut morgen gans schön zu tun biss alle unsre Meer Fachwäler ihre stimmen ab gegeben ham. Die replikaner ham da einige tricks auf Lager, un ich mußtse ständich im Auge behalten damittse uns nich unsre Meer fach Wäler ab spenzig machen wo wir uns exstra zu dem zwegg in Jursey und Fillidelfy besorgt haben, un die da zu bringen dasse mit ihre walscheine innem andern Bezirk wälen gehn. Die sagen das is zum ausgleichen, aber in dem fall hats n scheisdrek aus geglichen, weil ich zu allen gesacht hab sie sollen auf passen auf die fuzzis wo sagen sie sind Reblikaner, wo sie doch in wirklikeit vergleidete Spiohne sind wo sichn Sackl illegahle Wälerstimmen gegen sie beschaffen wollen. Da warnse alle panisch, also hat jeder gleich die 2 dollars genommen un is rüber nach Jersey Citty.

Kaum habbich die in sichern Haven gebracht, da ham wir gemerkt dass uns die Replikahner überhohlen. also sinn Jimmy und ich zur Redacktzion runter un ham uns von dem

Wissen schafft's Redaktöher die elecktrische Feder aus geborkt un so zerrka 10.000 Bootschaften geschrieben un die an alle Schnalleriche geschickt wo im Atress Buch drin waren. Dann is Jimmy raus un hat n haufen Qurier angehäuert zum die botschafften aus tragen.

Keine halbe stunde spähter wahr alles in den strassen von New York und Bruklyn voll mit dandys (richtige lebends echte Geckos, viel lebbendiger als wie man die jeh erlebt hat) wo für die Dämmergraten haussieren gegang un zu alle schneider un friöhre sin un denen gedroht ham, dasse bei ihnen die längste Zeit stamm kunde wahren wennse nich die Dämokraten wählen und für Herr Gilley stimmen.

Ich glaub ich geh dann morgen abend mal raus, weil da is dann bestimmp ganz schön was los wenn Lillyan an den Bünen ein Gang kommt weil jeder Schnallerich von New York hat ne Bootschafft gekriecht wo folgendermasen lautet:

„Über alle massen angebeeteter,
bei der un sterblichen Sonnen Blume wo du in Deinem geheilickten knopfloch trächs un der bewunderung wo du für deine S-T-tische Freunde hechs, wäl Herr Gilley zum Kufernör, weil die detzente lilla Tönung von seine Parfühm Schlucker is wirklich xkwissit, un die lange un zotige Bermuda zwiebel farbene locken wo er trägt sinn schlich mondähn, un wenn er dann auf dem Reckierungs Sessel Platz nimmt, trägt dies wehe ment dazu bei dass der ordinähre Pöbel unsere essteetische Wärte zu schätzen lernt. Darrüber hinaus finde ich dass der andere Kandedat ein wirklich zu unfeiner primmitiefer Töllpel ist. Wenn Du das für mich tust, dann treff ich mich morgen abent mit Dir vor dem Bünen 1gang.

*Deine, Dich inniglich an schmachtende
Lillyun Russell, Schnallerette."*

Dann hab ich noch Botschafften an alle Bank Presse denten und Bank Fuzzis verschickt un an jeden wo mir ein gefallen is wo das Gelt von andere Läute verwallet. Die waren ganz kurz un knackich, aber irntwie hamse uns n mords mäsigen Haufen Wäler beschärt. In den botschaften stand drin:

„Wenn sie wissen was das beste für Sie ist dann wählen Sie Joe Gilley zum Guwernöhr. Denken sie da dran. Dies räd ihnen jemand wo über sie genauso gut Bescheit weis wie sie selbst."

Die Metterdisten ham Briefe gekriecht vom Konferenz komiteh wo drin stand dass mann heraus gefunden hat das der replikanische Kanndiedat gotlos un un gleubig is und deshalb alle wärmstens endvielt dasse für Herr Gilley stimmen vor allem weil der auchn riesenhaufen Kohle für Auslanz Miseohnen spendet.

Jedes Mittglied von der Gesellschafft für unter dem pantoffel stehende ehe Männer, wo in New York zimmlich stark is hat ein Brief gekriegt wo vom Pressedent unter schrieben war, wo der ein aus drücklig darum gebeten hat für Herr Gilley zu stimmen, weil er weis aus sicherere Kwelle dass der andere Fuzzi ein Gesez verabschitten will wo den verheiraterte Frauen gestadtet dasse Hosen anziehn.

Dann habbich nochn Rundschreiben raus geschickt an alle unzuverlässiche Deutsche wäler, wo drin stand das der replikanische kanderdaht wo er klein wahr ein deutschen bengel vertrimmt hat wo größer war wie er, un daß er den als Puddingkopf, schmärbauch, Pretzeldieb un Sohn von nem bier saufenden sauer Kraut Fresser bezeignet hat, un daß die zeit für die New Yorker Deutsche jetz gekommen is zum bei den Walen so eine endpörende belleidigung rechen wo dem deutschen Bürger, der an ständigsten un zuferläsigsten stütze der Natzion, zu gefükt worn is.

Noch nie hat was besser geklappt. Ab geseen von die paar stimmen wo die replikahner rein geholt ham bevor ich mit meiner Acktzion losgelegt hab, habbich ganz New York un Bruklyn eroberst, und bier und wisky wo wir in die ländliche Districkte ham liefern lassen, beschärt uns noch ne fete Meerheit im ganzen Land. Wenn ich gros bin, Herr Tagebuch, dann bewerb ich mich bestimp als provessioneller pollytischer Drazierer.

Kapitel XXIII
Ein glorreicher Sieg

Die stimmung is am über Kochen, un überral sit un hört man die Freudenfeuer un die hoch Stapeler. Wir ham das ganze lant wie ne Laviene überrollt, un die reblikahnische partei is ne mausetotgestorbene leiche. Ich un Joe Gilley sinn jetz ne weile anner Reckierung, un du kannst Giff drauf nehm daß wir mit Bedach regieren un ne menge kohle scheffeln. Ich bin der Hellt von den Dämmerkraten, un John Kelley hat mir un Jimmy jedem ein 5 dollar Schein geschenkt damit wir uns auch bischen ne sause Leisten können. weil Herr Gilley sacht ich hab ja nu wirklich hart gearbeitet un deshalb krieg ich Morgen Frei damit ich auspannen kann.

Die ganzen Hinterstrasen waren heut abend mit Geckos gezäumt un alle sinnse auf Lillyun los wo die aus dem Bünen eingang raus gekomm is, aber sie hat zu keinem ein wort gesagt. Alle wahrense zimmlich fickrig, aber trotz dem hamse ihr kreuzchen nich beräut weil jetz könnse sicher sein daß aufm Amts Sitz ein Chef hockt wo eine un heimlich esteetische Aus wal von Schlippse in seiner Gadderohbe hat.

Der Kandidaht vonne Replikaner hat gans schön eins inne fresse gekriecht un is jetz wech vom Fenzer, un er hat auch n orntlichen Rochus auf die Metterdisten kornferenz un hat geschwohren bei allem was ihm heilick is dass er nie wieder auch nur eine Auster für ein Kirchen Basahr spendet, un seine über Reste sollen vergammeln befor diese undankbahre Schein

Heilige noch mal eins von ihre stille Kaphe Kränzchen bei ihm zu Hause ab halten. Seine frau hat an gekündigt dasse se verklagt wegen der über Nachtungs kosten wo diese grauhaarige alte Dellergierten säcke seid fünfzehn jahre auf sie abwälzen. Sie hat gesacht sie hat sich ja schon gedach dass da mal noch was passiert weil wenn die Jungen vonne krissliche Vereinigung ihre treffen haben, dann kommen die ganze junge un gut ausäende Dellengierte zu dem weiber Held gegenüber, un sie kriecht nix als wien Haufen alte Knakker wo blos noch aus dem ein grund senkrecht stehen weil man bei die Berdigungs Kosten Sparen mus.

Die mit Glieder vonne Gesellschaft für Unter dem pantoffel stende Ehemänner sehn alle aus wie schon mal gegessen, weil ihre frauen ham wider die Hosen an un lassense jetz spühren wie sich das anfüllt wenn man seine stimme ab gegeben hat für ein Kanndidat wo so ein aus gesprochener Gegener vonne Frauen Rechte is wie Herr Gilley.

Wo ich heim gegangen bin hab ich bei Paar Banken durchs Fenzer gelinst, un die meiste Bankfuzis ham zimlich Schiss im blick, aber ich glaub trotzdem die müssen sich keine sorgen machen, weil der wo Bescheit weis, weis nich mahl halb so viel wie die glauben.

Die Deutsche jubbilieren alle weil sie ham alle gemein sam die beleidigung gerecht, aber dadrüber wärense wascheinlich garnich mal so stolz wennse mit gekriecht hätten wie John Kelley und Herr Gilley über sie reden, grade erst vor der wal, wo sie sie als unzuverläsig bezeichnert ham und Herr Gilley gesacht hat: Sch*** auf die sauer Krautfresser.

Pollyticker sinn ohne hin n zimmlich pinsliges Gesox. Ich glaub, wenn ich gros bin, dann fang ich ersma als Misteonar an un dann infestier ich meine NRgie da rein dass ich die Seelen von pollitische Amts Jäger un Kanndedaaten rette. Ihre Körper brauch ich nich retten weil als Teufel hat man da eh n Pfandrech drauf.

**Kapitel XXIV
Sein freier Tag**

Ich hab mein ganzes vertrauen in frauen un in die ganze menschen verlohren. alles auf ein schlach. Gestern hättich noch ne 20 cent sigarre drauf verwettet daß Maria, mein mädel für mich die Lucke zur unter Welt überspringt. Aber ich hab mich geteuscht; jawohl, Herr Tagebuch, ich hab mich himmel schreiend und ab Grund tief in ihr geteuscht.

Wie ich dir gestern abent gesacht hab, ham ich un Jimmy heut frei gekriecht, da zu hatten wir noch $10 inner tasche zum uns amersieren. Also ham wir uns heut morgen in unsre schicke Sonntags Schuhl Sachen geschmissen un sin in die statt runter zum herren Austadter und ham uns da jeder ein falschen Schnäuzer und n Spatzierstock gekauft. Dann sind wir zum Frißöher und ham uns onderlieren lassen. Wo wir fertich waren konnt man uns echt nich mehr von auf geblasene englische Geckos unterscheiden. Wir ham wunderbahr affich aus gesehn, wie wir da übern Uniyun Square geschwanzt sin und unsre 10 center geschmökt ham als ob uns ganz New York un noch halb Bruklyn dazu gehöhert. Kanns dir auch denken dass wir gleich paar schnallen gefunden haben wo auf uns geflogen sind. So um 1 ham wir uns da auf gestellt wo unsre freundinnen aufm Schuhl Weg vorbeikommen. Jimmie seine, Josie, und meine, Maria, laufen immer zusammen. Wir ham nich lang warten müssen, da sinse schon angekommen, schwatzend un kichernd. Dann ham Jimmie un ich uns in Possetur gestellt, un wo se vorbeigezwitschert sin ham wir ihn zu gezwinkert. Josie hat zurückezwinckert, aber Maria hat gans süß gesacht: „Guten Tag!" Also ham wir uns ihn an geschlossen. Maria is dann bald langsammer geworn & hat gesacht schönes Wetter heute, nich? Ich hab gesach und ob un hab sie gefragt ob sie nich Lust hätte aufn Spatziergang. Sie hat gesacht „okee, aber blos wenn Josie auch mit geht, weil wenn se jetz spatzieren geht dann is das Schuhle Schwänzen, und das traut sie sich nich alleine."

Wir ham unsre ganze über Redungs Künste aufgebooten un dann hat Josie gesacht okee, sie geht mit, also habbich Maria mein Arm gegeben, un wir ham uns prächtick amersiert bis so um 5e. Dann ham wir die mädels gefracht obse Lust haben zum am abend ins Teehater gehn. Sie ham gesacht dass wär ja ganz grose klasse, aber ihre Mama erlaup das bestimt nich dasse mit fremde Herren aus gehen weil das gehöhert sich nich. Ich bin ihr bischen um den bart gegang und habse gefragt obs denn da keine Möchlichkeit gippt.

Maria hat gesacht vielleicht kannse zu ihrer Mama sagen sie geht mit Georgie aus, un Josie sacht dann Georgie hat noch ne Karte un will dasse auch mit geht, also ham wir gesagt ok, machen wir, wir treffen uns um 7 hier anner ecke. Sie sin dann auch Gans pünktlich annekomm, unheimlich schnieke in Schale, und wir hamse ins Strandard aus gefürt und ham uns perfeck unterhalten. Wo die Show rum war sinn wir noch in ein Reste Rang rein zum austern essen. Wären dem essen hab ich Maria gefracht wer denn der Georgie is wo sie ausführen soll.

„Oh", hatse gesacht, „das is son rotschopf wo als geselle in der Redackzion vom *Buster* arbeitet un wo das komplete gegen Teil is von Ihnen. Mama mag ihn und denkt er is ganz solliede, un ich kann überral mit ihm hin gehen ohne dass sie sich sorgen Macht. Er is wanzinnig verschossen in mich un denkt ich bin verliebt in ihn, deshalb haut er sein ganzes gelt für mich aufn Kopp. Ich geh ja eintlich blos deshalb mit ihm aus weil er mir alles kauft was ich will. Es is schon n ulkicher vogel weil er is so grün, aber sonz kriecht er nie was auf die reie, un ich schäm mich langsam schon wenn man uns zu sammen sieht."

Mich hat das schon zimmlich getroffen, aber ich hab mir nix anmerken lassen un so getan als wär ich wanzinnig in sie verliebt, un ich habs geschafft dass sie mir ins gesich rein versprochen hat dasse nie wider mit Georgie aus geht. Ich hatte ne flasche Parföng inner hosen Tasche, un kurz bevor wir ausm Reste Rang raus sin hab ich paar spritzer auf ihr taschentuch drauf gemacht, dann habbich mir den falschen Schnäuzer runter gefetzt, un kaum hat Maria gesehn dass ich s bin, ihr Georgie nämmlich, da isse in dränen aus gebrochen un hat geflennt wie wenn ihr gleichs Herz bricht. Sie hat mir leit getan, aber ich hab gesacht sie soll sich mal die tränen ab wischen. Ich glaub ich hab ihn verseentlich das Parfühm aus der Flasche mit Stinkassant[53] gegeben, weil wo sie sich das Gesich ab geputzt hat, hat das so über weltigend gerochen wie du das noch nie in deinem leben erlebt hast, wir ham den ganzen Heim Weg auf armes Länge vonnander entfernt gehn müssen, un die Läute aufm Bürger Steig währen uns nich weiter aus gewichen wenn ich der Zahr von Rusland gewesen wär und sie die Kwien Victoria. Sie ham mir Leit getan weil sie ham fast geheult, un ich hab mich aufm ganzen Heim weg zimmlich beschissen ge-

---

[53] Stinkasant: sie THE BAD BOY ABROAD.

fühlt, un wenn ich näher an Maria rangekommen wär ohne dassich erstick, dann hätt ich ihr ein Kuss gegeben un alles wider Gut gemacht. Es wahr ein Segen daß ihre eltern zimmlich heftig Schnupfen hatten, sonz hätts bei ihr zu Hause noch stunk gegeben.

Ich werd ihr morgen das folgende brivchen rüber schicken, un wenn ichse s näxte Mahl treff dann mach ich mich bischen schick, weil mann kanns ner frau nich übel nehmen wennse ein betrügt wenn mannse nich mal so weit achtet dass man sich gut anziet:

„Liebe Maria; ich wahr schon bekümmert über dein benehmen, aber wenn du dich endschuldigst, dann verzei ich dir alles. In einer woche komm ich wider zu dir, biß dahin hast du genug zeit zum wider gut riechen, wenn du dich nur Regel mesig wäschst, oft an die frische luft gehs un zusiehs, dass du immer genug Karbohlsäure un Kalk dabei hast egal wo du bis.
Ich werd dich immer lieben.
Dein Georgie."

**Kapitel XXV
Er wird verhaftet**

„*Die Dahme wo gestern Abend ein Mode Uttenziel in der Post verlohren hat, kann das hier in der Redackzion beim Lehrjunge abhohlen, wenn sie beweißen kann das sie die recht mäßige Eigentümmlerin ist.*"

Das oben Stehende is ne anoose wo ich heut morgen in den *Buster* gesetzt hab, un den ganzen tach schlach ich mich schon mittn andworten rum. Die erste Dahme wo an gekommen is, hat ne feder von ihrem hut verlohren. Sie hat mir die genauestends beschrieben, wasse gekostet hat un alles, un hat gesacht sie weis ganz genau das das was ich gefunden hab, ihrs is, un dann habbich ihr das uttenziel gezeicht unse gefracht ob das ihrs ist. Sie is knall rot geworn un is aus der Redacktzion rausgerannt wie von wilden affen gebissen. Gestern war ansicheind n zimmlicher Pechtag für frauen wo ihren kram inner Post verlieren; zerrka zwei hundert sind inne Redacktion gekommen. Paar ham ihre zähne verlohren, andere ihren Ponny, ihren Umhang, ihre schuhe, überschuhe, hand schuhe, Röcke, Taschen Tücher, Turnühren und der ganze andere krempel wo Frauen stendich mit sich rum schleppen; und ich hab alle das utenziel gezeicht wo man gefunden hat, un hab sie gefracht ob das ihrs is, und was schon seldsam war, jede einzelne is dann raus und war beleidicht un wütend. Wos langsam Nacht geworn is habbich mich gefracht ob Ehrlickeit in sonem

Phall wirklich die höxte Tugend is, oder ob es nich besser gewesen währe wenn ich das ding mit heim zu mama genommen hätte, als ne alte Jungver mit ner unklaren an zahl lenze aufm buckel in die redaktion rein gekomm is und gefracht hat: „Junger Mann, is da vorne auf dem bund C. D. einkrafiert?" Ich hab gesacht: „Jawoll Madamm."

„Na, dann sinns meine, weil ich heiß Carrylin Duncan un ich stick mir immer C. D. auf meine wäsche drauf. Mir wahr ganich klar dassichse verloren hab, bis ich wieder daheim angekomm bin, nachdem ich auf der post war zum ein Brief an Tom schicken, das is mein Verlobter wo zehn jahre nach China mus."

Dann habbichse ihr gegeben, un sie hatse untern Arm genommen und is ganz beglückt davon maschiert.

Wo ich schon gedacht hab das das temah frauenplünnen für heute gegessen is un heim gegangen bin, da kommt anner Ecke vonner Spruce Street plötzlich n großer strammer Pollyzist auf mich zu, pakt mich anner schulter un sacht: „Habbich dich endlich, Söhnchen, jetz kommsse mal schön mit sonz mach ich dir beine." Ich hab gedacht vor sicht is die mutter von der Portzellan Kiste, also bin ich mit. Wo wir auf der Pollenzei angekommen sind, hat er ein verfaren wegen Dieb Stahl gegen mich 1geleitet. Dann hamse mich gefracht ob ich ein kenn wo für mich bürkt, un ich hab gesacht sie sollen Herr Gilley hohlen. Wo der angekommen is, isser zu mir her gekommen, die tränen sinn ihm die backen runter geloffen, un hat gesacht: „Georgie, stut mir ja so furchbahr leit dass du in sone Lage gerraten bis, aber es is besser du bekenz dich schuldich un bittest das Gericht um Knade, weil die ham da ne zimmlich sichere sache gegen dich laufen. Wenn du blos gerissen genuch gewesen wärs zum das Zeuch verstecken, dann wärs gar nich so weid gekommen." Grad da kam die Dame an wo der Schahl geklaut wurde, zum ihn indentifitzieren. Herr Gilley un ich ham zu geguckt. Die dame hat gans genau hin geguckt un gesacht der hier sieht genauso aus wie ihr Schahl wo auch gans schwarz is, blos hat der hier keine gelbe flecken anner ecke wie ihrer wo sie den Zittrohnen Saft verschüttet hat. Herr Gilley hattn sich auch genauer an geguckt und dann gesacht: „Aber Georgie, das ist doch das tischtuch aus der Redacktzion." Dann is mir alles ganz schnell klar geworden, weil das wahr das tisch Tuch wo ich heim nehmen wollte zum waschen, und der Pollenzist hatn Zipfel unter meinem mantel vorgucken sehen, un weil er gewust hat dass es ein schwarzer Schahl war wo gestollen wurde, hatter mich kurzer Hand als den Dieb verhafftet. Da musstense alle lachen, und Herr Gilley hat für alle ein aus gegeben. Er hat gesacht ich bin ein abserluter erenman, aber klauen tu ich ganz bestimp nich.

Kapitel XXVI
Der Schuldeneintreiber

S gibt n haufen Futzis wo inner ober stadt ein braunes Reien Haus haben un französche Köche dazu wo ihn alle mögliche gute Sachen auf tischen, vom Froschenkel Biß zu die hintere vortsätze vom Rückgrad vom Ahl, als Frikaßee mit Pilz Catchup Sose dazu. Darrüber hinnaus hamse nochne menge schore in der Bank liegen, un ob se jetz nem Angel-Sexischen Provieh Bettler n tausend Dollar Andenken schenken oder mit ihre eigene leute in der allgemeinen hitze un dürre Perreode nach Longbranch oder Newport fahren, macht für die kein grosen unter Schitt.

Ich will da mit nich sagen dass alle reiche Leute von New York so sinn, Herr Tagebuch, sondern ich bezieh mich auf die sorte läute wo dem irrglaube auf sitzt dass Redacktöre pattentierte Mägen haben, spetziell un ex klussief endworfen un hergestellt für die Aufname und Verdaung von Drucker Kleister un Wind Pudding, dazu eine würzig arromatische Soße aus Tip Ex als Appentittenreger. Das sin dann die Leute wo ihre zeitungs abbo rechnungen rummliegen lassen bisse übern Jordan segeln, un die Redacktöre schreiben ihnen dann noch ne spitzen mäsige Endfehlung für ihre lange reiße un hoffen dass die Abbo Rechnungen vonne Vermögends Verwallter anerkand werden. Das is meist ne zimmlich vergebliche Hoffnung, weil es gibt so gut wie kein verwalter wo eine Zeitungs Rechnung als Güllitg ansieht. Die gehn alle nach dem Prinzhip

„daß alle Presse Fritzen Lügner un alle große Lügner Pressefritzen sin", un nach der selben Logick kommense dann auch zu dem schlus: „Wenn ein lügner eine rechnung stellt, kann die ja auch blos eine lüge sein", ergo isse auch nich güllitg.

Der Grund warum ich heut so rechtsanwäldlerisch drauf bin, Herr Tagebuch, iss der, daß Herr Gilley ganz schön an den Ausgaben von der kammpanje zu kauen hat, un ob wohler die Möchlichkeit hatte zum eimal in die staatliche Schatz Kammer rein riechen, isser im Momment doch bischen knapp., Deshalb hatter mir heute ein Haufen alte Rechnungen zum eintreiben gegeben.

Ich fand das schon zimmlich harte Maloche, vor allem weil anscheint alle unbedingt ihre ganze rechnungen näxte Woche bezahlen wollten. Das hat mich gans schön endmutigt, und weil ich nich gans ohne Geld in die Redacktzion zurück wollte, hab ich mir was 1fallen lassen. Da war ein Bluhmen Verkäufer wo uns $40 schuldet was sich verjährt hat. Also bin ich rüber in dem sein Bürroh un hab dem Seckretähr gesacht ich mus sein Scheff wegen einer dringenden an Gelegenheid sprechen. Der Seckretter hat gesacht er is wahnsinnich beschäftigt un ich soll lieber näxte Woche noch mahl vorbeikommen, vielleicht hat er dann zeit zum mit mir sprechen. Ich hab mich nich ab wimmeln lassen un hab gesagt dass er dem Herr Zahlnix sagen soll, dass die angelegenheid wegen der ich ihn sprechen will, für ihn selber auch von großer bedeutung is. Kaum hamse mich rein gelassen hab ich gesacht: „Lieber Herr Zahlnix, wir haben da einige sehr werdvolle informazeonen wo sie ein Vermögen mit machen können wenn die anderen Blumen verkäufer nich vorher drauf kommen. Also, wenn sie die rechnung hier jetz bezahlen, dann geb ich Ihnen die sofort und dann sinn sie den anderen genüber im vorteil." Wo ich gemerkt hab das die maus den Käse riecht, hab ich noch gesacht: „Wenn sie an den informazeonen aber nich intresiert sin, dann kann das ihren Ruwin bedeuten." Er hat kein wort gesacht sondern is zu seinem safe hin, hat die $40 rausgehohlt, un ich hab ihm dann die Gewittung geschrieben un ihn gefracht ob er mir n Zettel hat, weil wenn ich das nich auf schreibe dann vergißt ers noch. Dann habbich da in Gros Buchstaben draufgeschrieben: „Schulde niemand ein Cent", hab aufwidersehn gesacht un bin schleunix abgehauen. Das hat wunderbahr geklappt überrall wo ich hin bin, blos bei einem alten Rechts'n'Wald, da hat der gesacht: „Junger man, ich hab die leute vierzich Jahre lang beschissen, übern tisch gezogen un hinters licht gefürt, mir kann kein Presse Fuzzi erzählen wie man auf die bekweme Art reich wird. Raus mit dir", sachte er, un ich bin raus. Herr Gilley sacht ich bin der Ober Schulden Eintreiber un ich soll mich bei nem lebends und unfall versicherungs verein auf gegen seitigkeit als Gut Achten Sammler bewerben.

Kapitel XXVII
Die letzten werden die ersten sein

Ich glaub mir sinn die sorgen von gestern nach mittag wegen der Schulden eintreiberei aufs gemmüt geschlagen, weil heut nacht hab ich ein traum gehabt wo jedem seumigen abbonent jedes einzelne har zu Berge stehn müßte, und alle müßten se im Kohr jodeln: „Zahlt eure zeitungs Abbos, Leute, wenn ihr im un gewissen jen Seitz nich auf großer flamme bruzeln wollt!"

Mama un Papa waren nich da, weil heut abend war groses Gebeets Treffen in unserer kirche, un ich bin früh ins Bett weil ich hatte Schiss dasse, wennse heimkommen, fragen wo die ganze Hakfleisch Passtete hin is wo ich verschmaust hab.

Kaum war ich ein geschlafen, hats furch bahr gestunken, ähnlch wie in sonem stroh hut Widerverwertungs Laden wo die immer schwävel verbrennen, un ich hab runter geguckt un siehe da, da wahr ein gerichzahl mit nem haufen Anwälte und schreiber wo um ein tisch Rum sitzen, un der richter auf der Kannzel wo das ganze überschaut. Die leute ham alle aus gesehn wie der Skellett Mann bei Barnum[54], blos halt ohne haut über den knochen, un ihre augen Waren feuer Bälle, und jeder hatte ein langen schwanz, wiene schlange. Dann hat der richter gesacht die sitzung is er öffnet, un der ordnungs Bammte hat n Futzi rein gebracht mit goldener Ur un dickem Tahlis Mann,

---

[54] Barnum: siehe im DIARY und in ABROAD. Zirkuspionier der USA.

und ich hab gemerkt das das der von unsere Umsonz Abbonenten is wo letzte Woche gestorben is.

Der richter hat ihn von oben Biß unten kühl und höflich gemußtert un ihn dann gefracht ob er auch immer ein acht bares und auf rechtes Leben gefürt hat.

„Euer ehren", sachte der, „ich hab mein ganzes vermegen den armen vermacht, ich hab mein näxten geliebt wie mich selber. Ich war zehn jahre lang Aufsäer in einer sehr an gesachten kirche, un ich hab nach meinem besten Gewissen un wissen gehandelt zum das rechte tun."

„Euer Ähren", sacht da der Staats N'Wald wo aus gesehn hat wie der Ehe Mahlige religions Redacktöher von einem eingegangenen Aliants Blättle, „erlauben sie mir eine zwischen Frage an den an Geklagten?"

„Genemmigt", sagte Richter Satan, denn es war nieman anders wie seine infernahlische Hoheit höx selbst.

„Angeklagter", sachte der staatsn Wald, „haben sie ihr Abbo vom *Buster* bezahlt bevor sie ihr gepäck für die reiße zum hades ein gecheckt haben?"

„Nein, sir", sachte der gefangene, „habbich nich. Ich hab s damit nie so genau genommen, zu Mahl redaktöhre ja sowiso keine echten menschen sind, und ich hab nich gewußt dass es eine Sünde sein soll, wenn man die übers ohr haut wo mann kann."

„Sie sehen, euer ehren", sachte der Staatsn Wald, „er hat seine schult ein gestanden, un nach eingähnder Prüfung von seine ackte würd ich sagen, er schuldet dem *Buster* 8 jahre Abbo plus ne ganze latte Kratis Anzeigen wo ihm der Herr Rausgeber aus puhrer Kullantz gewehrt hat. Doch damit nich genug, eine prüfung von seinem kassen buch hat auch er geben dass er knapp eine woche vor seinem Hin Scheiden sein Abbo gekündigt hat weiler nich mit seinem Gelt ein Guwernöhrs Kandidat von den Dämmergraten unterstützen wollte. Sie sehen, euer ähren, Sie haben keine andere Wal als den an geklagten hart zu bestraven."

„Angeklagter", sachte der richter, „das gericht veruhrteilt sie dieses Jahr zu schwerer arbeit, un zwar werden sie 10.000 jahre lang das feuer von einer Temparratuhr von 6000 Grat anfachen un dabei ununterbrochen singen ‚Drum gib dass ich den engeln gleich o Gott, mit frommem triebe, voll eifer und an tugent Reich, die Zeitungsfuzzis liebe'. Scherif, führen sie den veruhrteilten ab in den Ofen nummer 561, direck neben Gittoes."

Wo er weg war hat mann ein farbigen Herr rein gebracht un als Andwort auf die fragen bettzüglich seinem morralischen stanpunk hat der gesacht:

„Herr Richter, isch weiss isch bin ein schwerer fall, un isch hab scheisse gebaut un auch echt voll alle sünden gemacht wo isch kenn. Hühner jeklaut, Münzen aus der spenden Kasse jemopst, mir milleohnen sachen unnern nagel jerissen wo isch kein rescht un keine erlaubnis zu hab, misch beis Camp Meeting bekehren lassen dammit isch die Weiber da kriege, un noch mehr so schwäre verstöse, so viel dass isch es garnisch sagen kann, aber wenn das jericht mir armen nigger dies Jahr ne Schosse gibt, dann änder isch mein Leben, isch schwör."

„Angeklager, haben sie jeh eine zeitung arbonniert?" sachte der statsenwalt.

„Jau sir; isch hab so sex jahre den *Krisslichen berater* abboniert, un isch hab den immer ein jar im Verraus bezahlt."

„Bobby, mein Junge", sachte der richter zu dem schreiber wo Rechts von ihm sitzt, „gema zur köchin un trag ihr auf dasse den fettesten hammel schlachtet un eine giggantische Sause steigen lässt, weil dieser schwarze hier is wirklich ein man, geschaffen nach meinem eben Bild. Schlach ein, kumpel", sacht er un reicht seine knochige flosse dem schwarzen genosse hin, „un nach der Party, wenn wir in meiner Priwat Oper waren und uns da die neuste Leichen fest Spiele rein gepfiffen ham, dann kuttschier ich dich ma durch mein unter irdisches reich, bevor ich dich in Xpress richtung Himmel setz, un ich möchte dass du weißt, daß der teufel nich so schlecht is wie man ihn gern an die want mahlt, weil er behandelt ein hohen Gast so wie es ihm gebürt."

Dann verschwand die szennerie vor meine augen, un ich bin auf gewacht mit brüllende schmerzen im programm, un Mama mußte mir ne Dosis Brandie mit ingewer einflösen, aus dem flach man wo Papa immer da bei hat wenner zum angeln geht.

Kapitel XXVIII
Ein Angebot von Jay Gould

Heut morgen wars zimmlich dröge, also hat mich der Lockaal Redacktöher in die börse runter geschickt dassich mal wider ein bericht mach über den Fez von die bullen und die bären. Wo ich da angekommen bin, wahren die Viecher anscheint noch nich da, aber ihre Herrchen wahren schon gans schön zahl reich vertreten un ham wesendlich mehr krach gemacht als wie die viecher selber. Mich hat mann auf die Besucher Tribbühne hoch gefürt dammit ich ne gute sich hab auf die kämpfe zwischen die farmer und die kohle händler. Wie die da rum kabbeln, das hat mich da dran errinnert wie ich noch in der Schuhle wahr, weil die machen genau das Selbe: haufen Pappier kauen, Spucke Bälchen draus machen un sich die dann gegen Seitig in die Wissarsche flanzen. Ein gans kleiner furz von Fuzzi heisst Jay Gould, gros isser nich, aber wenn s bei die spucke Ball Schlachten um die wurscht geht dann wirder zum gans grosen Maxe, weil er hat ja schon den ollen Russel Sage[55] un Vandybilt ausn latschen katerpultiert in dem er ihn die kügelgen zielgenau in die augen geflanzt hat.

Wo die so lang sam müde geworn sinn, sin n haufen Fuzis raus gekommen wo „geschlagen" waren, und die andern ham sich um die rum kruppiert und ham was geknödelt was sich an gehöhert hat wie wenns aus 5 achtel un 3 4tel besteht.

---

[55] Russell Sage (1816-1906): noch so ein Finanzhai um Jay Gould, Vanderbilt und Konsorten. Ebenfalls stinkreich.

Ich hab gedacht die sollen sich mal was schähmen, so große Er Waxene wie die, mit Sand Kasten Spielchen beschäftigt wo jungs so alt wie ich nich mal mehr gegen Geld machen. Ich hab gemerkt wie die uns New Yorker plammieren, also hab ich gedacht wird zeit das das ein ND findet un die mal wider was vernümpftiges machen, also hab ich un heimlich laut los gejodelt:

„Leute, im Uniyun Deppoh in Schickago isn risiges feuer!" Da hamse alle hoch geguckt zum gucken wer das gesagt hat, un ham mich erkand un mit dem *Buster* in verbindung gebracht. Da hättste dich beölen können wennste gesehn hätts wie die plötzlig rumfurzen; die fuzzis wo Bullen spielen, sinn fast durch gedreht un ham zu gesehn dasse ihre verluste noch mittie dieverenzen kaschieren. Die acktziehen sin in keller gerauscht wieder blizz, und der bärige teil von der gemeinde hatn haufen Schore gemacht. Die lämmchen vom Lande, wo die bullen und die bähren geschohren haben dammit ihre frauen & Meechen genug wolle ham zum die fuss Schehmel aus stopfen wose in die weinnachts Packete rein tun, ham mich auch gehört, un dann is der Kroschen bei ihn gefallen, un sie ham die ganze Western Trunk Ackziehen verkauft. Ich hab nix weiter gesacht bissich gesehen hab dasse den bullen ordentlich übers Fell gefahren sinn, dann hab ich gejodelt: „Leute, das risige Feuer wo ich gesacht hab wo im Uniyun Depoo in Schickago is, brennt da immer noch ganz schön, und zwar im Ofen wo im keller steht."

Ich bin dann gruslos raus, weil das feurige Glühen wo mich aus zerrka hundert augen Pahre angeglüht hat, hat für den Fehler Teufel vom *Buster* nix gutes verheißen.

Wo ich wieder in die redacktzeon zurückekomm bin, lag da ein briv für mich, wo drin stant:

„*Wehrter herr Zauber Lehrling! Sie haben ihren Berruf verfällt. Ein Sensatzions Fänger wie sie sollte bei seinem spetziellen leisten bleiben. Wenn sie gewild sin die Zeitungs Brosche zu verlassen, dann gründ ich ein Sündikat und stell Sie als Ackziehen Hammer ein, mit einem gewinn von der hälfte des Prophets.*
Ganz herzlich Ihr
Gould."

Ich kann dir sagen, Herr Tagebuch, die versuchung war schon ennorm, aber ich hab an mein Ruf un meine Prinzippien gedacht un zurückgeschrieben:

„*Sir, ich beforzucke meine mommentane stellung und hämmere lieber Hirn in die köpfe rein als wie aktziehen. Nicht jedes Sündikaat in Ammerika verleitet mich dazu, dassich meine erbahre Verbindung mit dem Dailey Buster löse.*
Sehr herzlich, Ihr
Leerling."

**Kapitel XXIX
Das kirchliche Austernmahl**

Gestern Abent hab ich Maria wieder besucht. Weil ich auch gut vor berreitet sein wollte, hab ich in Mamas Lawendel Wasser gebadet un meine plünnen komplet mit Oh de Kollonje eingespritzt. Ich hab an ihre tür geklopft, dann bin ich die treppe wieder runter und hab gewartet dasse auf macht. Wo se gekomm is, isse rot geworn wo ichse gefracht hab obs wider get. Sie hat gesacht sie weis nich, weil sie hat sich so dran gewöhnt dasse keine ahnung hat, aber sie denkt schon dasses wieder geht, weil sie is jetz eine woche zwischen zwei offene Fenzer gestanden, un wenns jetz noch nich weg gegangen is dann wirt s vermutlich ihr ganzes Leben an ihr Hafften bleiben, hatse gesacht. Ich bin bischen nähr zu ihr hin un hab gesacht: „Maria, komm ma her." Sie is her gekomm, un ich hab meine nase ma ganz fortsichtig in ihre richtung Gehalten, un Tat sächlich hab ich nix Meer gerochen wie ein zarter hauch von Kalk mit einem ab gang von karbohlsäure. Dann habich ihr ein kuss gegeben und gesacht sie soll sich in schahle schmeisen weil ich mus ein bericht schreiben über ein Auster Essen in der preßbitterianischen Kirche. Wo Maria un ich da angekommen sin, ham die meisten schon ein teller heises wasser gegessen wo der kirchen Aufsäer eine woche lang auf ein von die Auster Stände aufm Fulton Markt drauf gestehlt hat dammits deren ihren dellenziösen Geschmack an nimmt. Kaum wahren Maria un ich mit unserm teller fertich, ging die sause los, un semmtliche Damen ham Stift un pappier gezückt un wollten 10 cent von uns so wie unsre Nahmen für eine verloosung von die eine einsamme Auster wo die ganze suppe draus gemacht war. Wo die weiber jeden fuzzi bis auf sein letzten Cent gerupft un ihn auch noch die hosen Taschen raus gestüllpt ham zum sicher gehn daß da nich noch irgend wo n 5 dollar Schein versteckt is, is der Brediger auf eine bühne gestiegen und hat ne nummer aus nem hut raus gezogen wo ein kleines Mächen hoch gehalten hat. Befor er die Nummer vor geleßen hat, hatter zu einem von die Diakohne gesacht er soll beten dass der Herr das herz von dem glücklichen gewinner öffnet un der dann die auster der Kirche spendiert, dammit man noch mahl ein Mal zellerbrieren kann wo nich so xorbitant hohe kosten veruhrsacht.

Dann sachte der Faffe die nummer wo er gezogen hat is die 46 un dass der Nahme Wylie da bei steht. Herr Wylie isn stink reicher Bänker wo der kirche ständich irntwelchen zeuch spendiert, un der is nattürlich promt auf gestanden un hat gesacht klar spendet er für den guten Zwegg.

Dann gabs ein Hurrah Geschrei un alle ham sich um den gas Hert versamelt un zu geguckt wie der koch die auster inne Dose tut damit manse in dem Aufsäer sein einbruch sicheren Drehsor stellen kann zumse da auf bewaren. Nach dem se mit dem Schöpf Löffel ne weile lang am Topf Boden rum gekratzt ham, isser schlieslich mit seiner ess-tee-tischen Ladung befüllt wider zum vor Schein gekomken, nämmlich einer schwarz grün gesprenckelten kröte wo ich in die Suppe reingeschmissen hab wo die alle beim Beeten wahren.

Ich glaub in der Kirche is irgendne Eppendemmi aus gebrochen, weil alle Außer Maria un mir ham an gefangen mit

Husten un spucken un röcheln un ham gejodelt herr, unser Gott, erlöhse uns.

Kapitel XXX
Abschied und Karriereausblick

Ich bin jetz kein Leerling mehr, weil heut morgen hat Herr Gilley mich darrüber infermiert dassich jetz zu alt bin für den Possten un dass er ein anderen Junge an gehäuert hat für die Stelle als fehler Teufel vom *Buster*. Er hat gesacht ich kann mich bevördern lassen und als Repporter fürs Vermischte ein steigen un da über alles möchliche schreiben was mir in sin kommt, bisses für uns zeit wird dass wir nach Albanie gehen un uns ins Amt einfüren lassen. Dann soll ich sein Priwat Seckerteer sein, weil er weis dass ich seine intressen beware un auch dißgret genug bin un ihn nich verrate.

Ich weis noch nich ob ich sein Angeboot annehmen soll un pollyticker werden, weil ich möchte eigentlich schon in der schonerlistischen Brosche drin bleiben, weil das is die einfachste Weisse zum Reich un Berümt werden wo mir einfällt.

Ich denk da mahl drüber nach, Herr Tagebuch, un wenn ich keine Stellung krieg als Washintoner Schwatzer oder ein Schopp im *Herald* wo ich über die eingebohrene von Kannada berichten kann, dann geh ich vieleich doch nach Albanie un schreib da über die ganze Politicker Trix, damit ich nich aus der Übung komm Biß wir wider ausm Amt raus fliegen.

Ich mus jetz schließen, Herr Tagebuch, weil ich mus runter ins Hotel un da ein Hinterfuh machen mit Curnel Bob Ingysoll, un dann wird sich raus stehlen ob so einer wie ich nich bischen wat auffe Beine stellen kann zum Rum un Schore ernten, wenn er seine Karrenjehre aufbaut auf seinem ruf als „echter Teufel" wo ausm Hades abgehauen is.

Un du, Panje, denk dran, auch wenn ich jetz nich mehr der Fehler Teufel bin, dann bleib ich Trotz dem
gans Herzlich
Dein Georgie.

DANK

an Andreas Balck und Ane Gotte und an viele andere, die mir für diese Übersetzung Rückenwind gaben.

Ní Gudix, im April 2013